Elaboración de masas y pastas de pastelería-repostería

José González Martínez

ic editorial

Elaboración de masas y pastas de pastelería-repostería
© José González Martínez

Colaborador: Antonio Caro Sánchez-Lafuente

1ª Edición

© IC Editorial, 2025

Editado por: IC Editorial
c/ Cueva de Viera, 2, Local 3
Centro Negocios CADI
29200 Antequera (Málaga)
Teléfono: 952 70 60 04
Fax: 952 84 55 03
Correo electrónico: iceditorial@iceditorial.com
Internet: www.iceditorial.com

ISBN: 978-84-1184-787-2
Depósito Legal: MA-681-2025

Impresión: PODiPrint
Impreso en Andalucía – España

Nota de la editorial: IC Editorial pertenece a Innovación y Cualificación S. L.

Presentación del manual

El **Certificado de Profesionalidad** es el instrumento de acreditación, en el ámbito de la Administración laboral, de las cualificaciones profesionales del Catálogo Nacional de Cualificaciones Profesionales adquiridas a través de procesos formativos o del proceso de reconocimiento de la experiencia laboral y de vías no formales de formación.

El elemento mínimo acreditable es la **Unidad de Competencia**. La suma de las acreditaciones de las unidades de competencia conforma la acreditación de la competencia general.

Una **Unidad de Competencia** se define como una agrupación de tareas productivas específica que realiza el profesional. Las diferentes unidades de competencia de un certificado de profesionalidad conforman la **Competencia General**, definiendo el conjunto de conocimientos y capacidades que permiten el ejercicio de una actividad profesional determinada.

Cada **Unidad de Competencia** lleva asociado un **Módulo Formativo**, donde se describe la formación necesaria para adquirir esa **Unidad de Competencia**, pudiendo dividirse en **Unidades Formativas**.

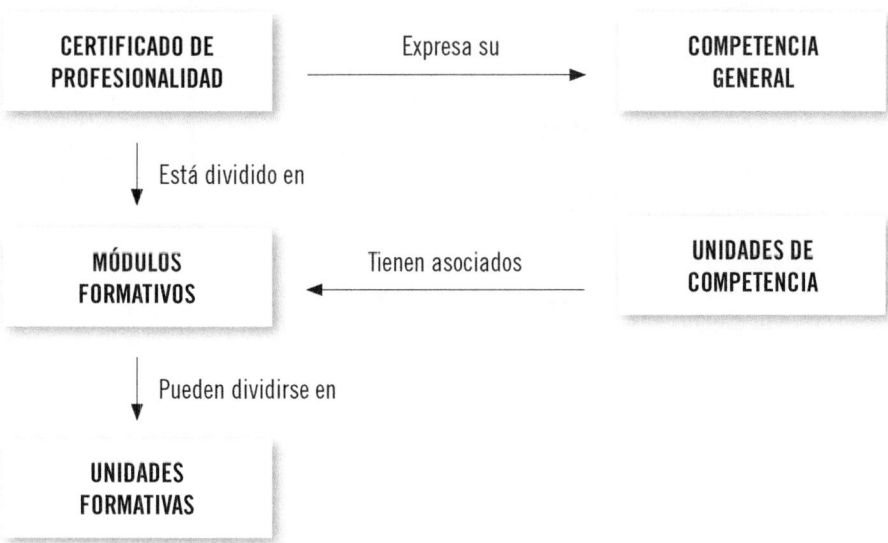

El presente manual desarrolla la Unidad Formativa **UF1052: Elaboración de masas y pastas de pastelería-repostería,**

perteneciente al Módulo Formativo **MF0306_2: Elaboraciones básicas para pastelería - repostería,**

asociado a la unidad de competencia **UC0306_2: Realizar y/o controlar las operaciones de elaboración de masas, pastas y productos básicos de múltiples,**

del Certificado de Profesionalidad **Repostería**

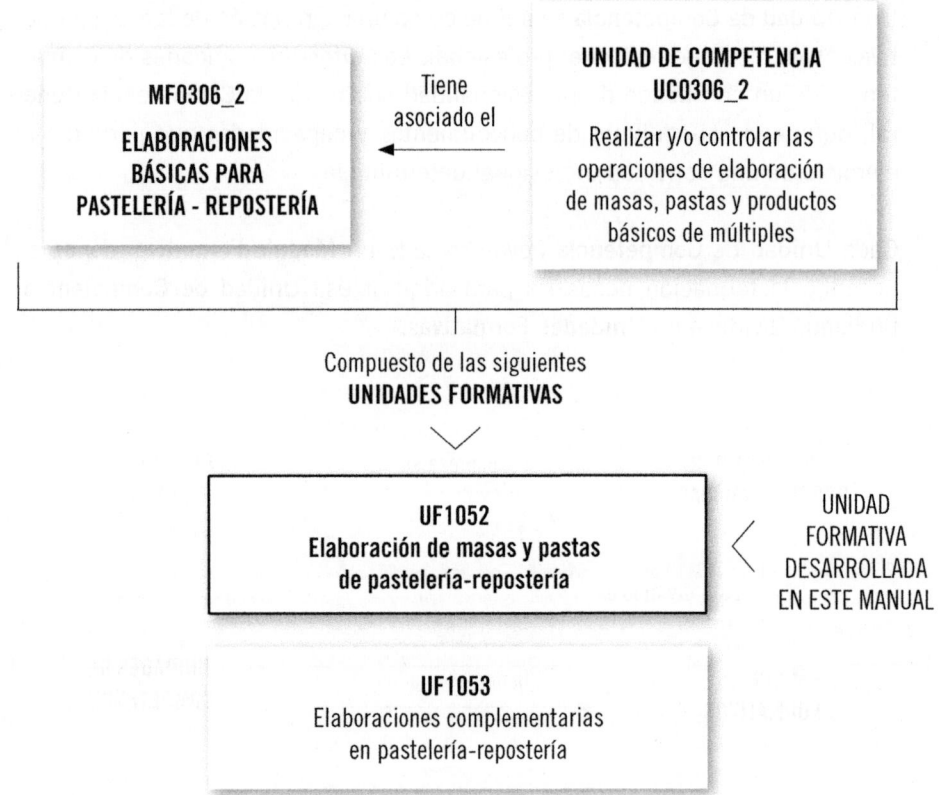

FICHA DE CERTIFICADO DE PROFESIONALIDAD

(HOTR0509) REPOSTERÍA (R. D. 685/2011, de 13 de mayo, modificado por el R. D. 619/2013, de 2 de agosto)

COMPETENCIA GENERAL: Preelaborar, preparar, presentar y conservar toda clase de productos de repostería y definir sus ofertas, aplicando con autonomía las técnicas correspondientes, consiguiendo la calidad y objetivos económicos establecidos y respetando las normas y prácticas de seguridad e higiene en la manipulación de alimentos

Cualificación profesional de referencia		Unidades de competencia	Ocupaciones o puestos de trabajo relacionados:
HOT223_2 REPOSTERÍA (R. D. 1228/2006 de 27 de octubre)	UC0709_2:	Definir ofertas sencillas de repostería, realizar el aprovisionamiento interno y controlar consumos	• 7802.002.1 Pastelero • 7802.002.1 Repostero (pastelería) • 7802.002.1 Confitero
	UC0306_2:	Realizar y/o controlar las operaciones de elaboración de masas, pastas y productos básicos de múltiples	• 7802.008.5 Trabajador de la elaboración de caramelos y dulces • 7802.011.5 Trabajador de la elaboración de productos de cacao y chocolate
	UC0710_2:	Elaborar y presentar productos hechos a base de masas y pastas, postres de cocina y helados	• 7802.011.5 Bombonero • 7802.011.5 Chocolatero • 7802.002.1 Repostero
	UC0711_2:	Actuar bajo normas de seguridad, higiene y protección ambiental en hostelería	• 7802.002.1 Pastelero en general • 7802.002.1 Elaborador-decorador de pasteles

Correspondencia con el Catálogo Modular de Formación Profesional

Módulos certificado	Unidades formativas	Horas U.F.
MF0709_2: Ofertas de repostería, aprovisionamiento interno y control de consumos		60
MF0306_2: Elaboraciones básicas para pastelería - repostería	UF1052: Elaboración de masas y pastas de pastelería-repostería	80
	UF1053: Elaboraciones complementarias en pastelería-repostería	40
MF0710_2: Productos de repostería	UF1096: Elaboraciones y presentaciones de productos hechos a base de masas y pastas	60
	UF1097: Elaboraciones y presentaciones de postres de cocina	60
	UF1098: Elaboraciones y presentaciones de helados	60
MF0711_2: Seguridad, higiene y protección ambiental en hostelería		60
MP0229: Módulo de prácticas profesionales no laborales de Repostería		80

Índice

Capítulo 4
Elaboración de pastelería y repostería para colectivos especiales

Capítulo 5
Aplicación de las técnicas de frío en la elaboración
de masas y pastas de pastelería-repostería

Realización de operaciones previas a las elaboraciones de pastelería y repostería

Contenido

1. Introducción

Desde tiempos prehistóricos, el hombre ha tenido la necesidad de alimentarse y conservar los excedentes de alimentos que había recolectado. Es por ello por lo que surge la necesidad, al igual que de cocinar, de crear técnicas de conservación y regeneración para disponer de alimentos en cualquier momento. No está claro cuáles fueron las primeras técnicas de conservación y regeneración, posiblemente el deshidratado natural de algunos alimentos, como los cereales y legumbres, hizo que se aplicasen estas técnicas a otros alimentos, que, junto con el frío del invierno, posibilitaron la desecación de los mismos y, para volver a disponer de ellos, solamente tenían que hidratarlos con agua caliente hervida, mediante piedras calientes que iban introduciendo en las vasijas de barro.

La evolución de las técnicas de regeneración va asociada a los nuevos descubrimientos científicos que permiten conocer mejor las circunstancias por las cuales los alimentos se degradan y, por lo tanto, a la aparición de nuevos modelos de conservación, o bien a la fabricación de nuevas maquinarias, como los microondas, o bien a la implantación de sistemas de cocción y conservación para grandes colectividades, como es el caso del *catering*. Esta evolución está determinada por la incorporación de los productos alimenticios a la nuevas tecnologías, así como al desarrollo de políticas de I+D de las empresas.

Las técnicas de regeneración son aquellas que se aplican a los alimentos o a las elaboraciones que están previamente conservadas. Por lo tanto, regenerar es volver a utilizar un género o preparación culinaria que previamente ha estado conservado para que este intervenga en la elaboración de una receta o bien para ser consumido.

2. Deducción y cálculo de las necesidades de género, preelaboraciones y elaboraciones básicas de múltiples aplicaciones

Conocer los métodos de conservación y regeneración forma parte de la coherencia y el raciocinio de los profesionales a la hora de dirigir con éxito un establecimiento de hostelería.

Deducir y calcular las necesidades de un obrador o una cocina, así como plantear o planificar los trabajos a realizar en el taller, es una tarea ardua, propia de una persona profesional y experimentada en el ámbito de la pastelería o la cocina. Habitualmente, esa responsabilidad suele recaer en el jefe de obrador o jefe de cocina, entre cuyas responsabilidades o tareas están las que se desarrollan en este epígrafe.

El personal que trabaja en el obrador o en la brigada de pastelería está coordinado por un jefe de pastelería o jefe de obrador, con funciones similares al jefe de cocina. Bajo la coordinación del jefe hay un equipo compuesto por reposteros, oficiales ayudantes y aprendices.

 Nota

La organización del obrador va a depender del jefe de obrador, de las capacidades de producción y de las mismas instalaciones.

2.1. Integrantes de la brigada de un obrador

El trabajo en un obrador requiere al igual que en cocina una organización de mando, representada por una brigada o equipo, encabezado por el jefe pastelero, que tendrá a su vez a su cargo oficiales de primera, ayudantes, etc., con responsabilidades concretas, todas ellas expuestas a continuación.

Jefe pastelero

Sus funciones dependerán de si se trata de un restaurante, de un hotel o de un obrador. Si es la partida de un restaurante, esta dependerá del jefe de cocina. Si no es así, el jefe pastelero será el máximo responsable.

Su trabajo consiste en:

- Realizar los pedidos.
- Coordinar y controlar el trabajo a desarrollar.
- Verificar las necesidades de aprovisionamiento de géneros y equipos.
- Supervisión de la *mise en place,* o puesta a punto, a la hora de realizar el servicio.
- Elaborar la oferta gastronómica.

Las preelaboraciones y elaboraciones básicas, de aplicaciones posteriores para la pastelería, serán delegadas y asignadas por el jefe de pastelería a los diferentes miembros de la brigada, que, dependiendo de la naturaleza de la elaboración a realizar, van a recaer en un determinado miembro de la brigada.

Oficial de primera

Depende del jefe pastelería y debe dominar todas las tareas de la partida o del obrador, ya que cumple la función de 2.º jefe de pastelería.

Bollero

Es el encargado de la realización de las masas más básicas y las de bollería.

Heladero

Es el responsable de las elaboraciones frías, como sorbetes, helados, *bava-roises, parfait,* carlotas, granizados y demás postres helados, así como de su acabado.

Ayudante de pastelería

Su tarea consiste en conocer la parte teórica y técnica de las elaboraciones, ayudando a los oficiales en sus trabajos.

Aprendiz de pastelería

Empezará por conocer la parte teórica y práctica, pudiendo ser una persona sin nociones del trabajo.

2.2. Organigrama de una brigada de cocina y de una brigada de pastelería

Un organigrama de una brigada de cocina suele tener, más o menos, la siguiente forma.

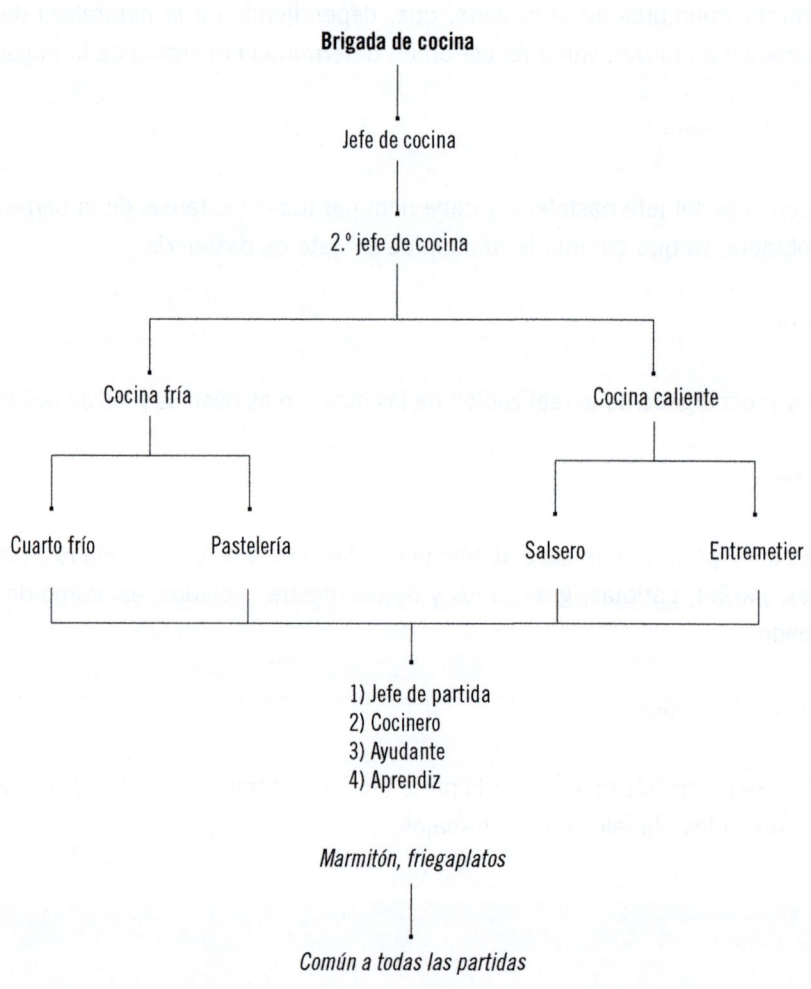

Brigada de cocina

Jefe de cocina

2.º jefe de cocina

Cocina fría

Cocina caliente

Cuarto frío

Pastelería

Salsero

Entremetier

1) Jefe de partida
2) Cocinero
3) Ayudante
4) Aprendiz

Marmitón, friegaplatos

Común a todas las partidas

En cambio, el organigrama de brigada de pastelería suele ser así:

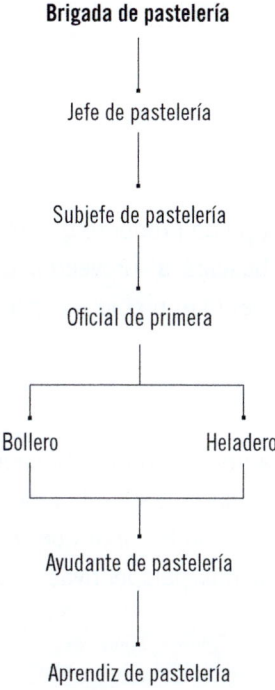

Brigada de pastelería

Jefe de pastelería

Subjefe de pastelería

Oficial de primera

Bollero   Heladero

Ayudante de pastelería

Aprendiz de pastelería

2.3. Consideraciones en la compra en establecimientos de pastelería y repostería

La necesidad más importante en el establecimiento es la compra diaria de géneros, por lo que se tendrán en cuenta algunas consideraciones a la hora de comprar.

 Recuerde

Deducir y calcular las necesidades de un obrador o una cocina es una tarea ardua, propia de una persona profesional y experimentada en el ámbito de la pastelería o la cocina.

La compra va a influir en el resultado de explotación del establecimiento. Esta actividad es muy importante dentro de la política económica de la empresa, ya que de ella depende en buena medida la correcta marcha del negocio, por lo que estas compras se harán con un orden y programación previamente establecidos.

Qué comprar

El jefe tendrá claro qué tipo de producto quiere y las especificaciones concretas del mismo. Así, se buscará al proveedor que más se adecúe a estas pretensiones, teniendo en cuenta el precio a negociar y el sistema de servicio.

Para qué comprar

Se ha de tener un conocimiento profundo sobre la actividad empresarial para que su desarrollo sea rutinario. Se ha de tener en consideración la valoración del producto por parte del profesional que lo trabaja para transformarlo, con la ventaja que suponen dos perspectivas u opiniones con respecto del producto.

Dónde comprar

Se ha de investigar constantemente el mercado y es aconsejable tener más de un proveedor para el mismo producto. Esto servirá para tener distintos referentes donde cotejar y comparar tanto precios como calidades.

A quién comprar

Definir un perfil de los proveedores que se quiere tener en la empresa es primordial. Para ello, se tiene en cuenta:

- **Solvencia:** tener la seguridad de que siempre se va a servir el producto en el momento pactado.
- **Servicio:** el servicio y calidad de las elaboraciones de la empresa está garantizado cuando el servicio de los proveedores está garantizado.
- **Imagen:** si el proveedor tiene buena imagen, esta repercute en la empresa para la que se trabaja.

2.4. Deducción y cálculo de las necesidades de preelaboraciones y elaboraciones básicas de múltiples aplicaciones

El jefe de obrador es el encargado de calcular y deducir las elaboraciones básicas que se han de desarrollar en el taller de pastelería. Todo ello lo va a realizar en función del trabajo que haya previsto para la jornada o jornadas posteriores.

Previamente, ha debido recibir una orden de trabajo con los eventos o pedidos demandados para la jornada.

 Nota

El departamento encargado de notificar las órdenes de trabajo está estrechamente ligado al departamento de dirección del establecimiento.

Fases que tienen lugar en la elaboración y preelaboración de múltiples aplicaciones

Relación de algunas de las fases en las tareas al comienzo de la jornada laboral.

Preelaboraciones

Consisten en modificar un producto tal y como se recibe del proveedor a un producto listo para elaborar:

■ Retirar el pedido del almacén o economato, cuyo documento o vale de pedido ha realizado el responsable del obrador. Estos géneros en pastelería suelen ser:

■ Chocolates.
■ Harinas.

▎Huevos.

▎Natas.

▎Leches.

▎Cualquiera de los ingredientes necesarios que se utilizarán a lo largo del día.

▎ Distribuir la materia prima entre las zonas de preparación, tarea que realizarán aprendices y ayudantes.

▎ Descongelación, rehidratación, limpieza de géneros o regeneración de estos.

▎ Puesta a punto de equipos e instalaciones, comprobando limpieza y funcionamiento de:

   ▎Hornos.

   ▎Fermentadora.

   ▎Batidora.

   ▎Amasadora.

   ▎Laminadora.

   ▎Cazo eléctrico.

   ▎Balanza.

   ▎Zonas de producción.

   ▎Mesas de trabajo.

   ▎Puesta a punto de toda la maquinaria necesaria para llevar a cabo la jornada laboral.

▎ Acopio de útiles y herramientas.

   ▎Rodillos.

   ▎Varillas.

   ▎Tamiz.

   ▎Peroles.

   ▎Espátulas.

   ▎Medidores líquidos.

   ▎Mangas pasteleras.

   ▎Todas las herramientas o útiles que sean necesarios para llevar a cabo la jornada laboral.

■ Control y supervisión de limpieza e incidencias, tanto en maquinaria como en zonas de producción, y aplicación de medidas correctoras.
■ Operaciones básicas de puesta a punto.

■ Encamisado o enfondado de moldes.
■ Engrasado de latas.

Elaboraciones previas que servirán de soporte a otras elaboraciones más complejas

Entre las elaboraciones, hay dos tipos de preparaciones que se pueden diferenciar, por ser:

■ Preparaciones frías.
■ Preparaciones calientes.

 Ejemplo

Un ejemplo de preparación fría es el montado de nata.

Preparaciones calientes son los jarabes, las mermeladas, las cremas, etcétera.

Operaciones básicas

Como operaciones básicas, en el ámbito de la repostería, se diferencian como fundamentales las siguientes:

■ Batir.
■ Mezclar.
■ Tamizar.
■ Amasar.
■ Incorporar.

Obtención de masas y pastas de múltiples aplicaciones que serán la base de otras elaboraciones más complicadas o complejas

Estas pueden ser:

▮ Bizcochos:

ı Ligeros.
ı Pesados.

▮ Hojaldres.
▮ Masas escaldadas:

ı Pasta *choux*.
ı Pasta de churros.

▮ Masas fermentadas:

ı Bollería.
ı Bizcochos pesados.

▮ Masas azucaradas:

ı Pasta brisa.
ı Pasta de corte.
ı Pastas de manga.

▮ Rellenos:

ı Pastelería dulce.
ı Pastelería salada.

▮ Jarabes.
▮ Coberturas o cubiertas:

ı Chocolate.
ı Yema.

■ Nata.

■ Crema.

Las operaciones descritas tanto en las preelaboraciones como en las elaboraciones están sujetas o incluyen aspectos como:

■ Controlar en todo momento el proceso productivo.
■ Manipular adecuadamente los alimentos como indica la normativa higiénico-sanitaria en cuanto a la manipulación de alimentos.
■ Modificar los alimentos solo lo necesario.
■ Respetar los procesos de elaboración en todo momento y con especial atención a las elaboraciones que tengan un tratamiento térmico, asegurando en todo momento que se alcanza la temperatura indicada en el procedimiento.
■ Minimizar en lo posible los tiempos de preparación.

3. Aprovisionamiento interno: formalización de documentación y realización de operaciones

El método de aprovisionamiento lleva consigo una serie de operaciones y formulismos en cuanto a recepción, conservación y almacenamiento en condiciones idóneas de la materia prima, para su posterior transformación y servicio.

3.1. Ejecución de operaciones en el tiempo y forma requerida

Los establecimientos de hostelería son centros de una actividad dinámica en la que debe imperar el orden. Para que la labor sea funcional y efectiva es necesario que exista una distribución por zonas, en base al estado de la materia prima que se recibe, así como en razón de la oferta que se quiere preparar. Por ello, es necesario establecer criterios sobre las zonas o departamentos que se han de abastecer, siendo estos:

■ Establecer circuitos principales y unidireccionales sobre materia prima fresca y elaborada.
■ Evitar circulaciones coincidentes.

- Elaboración o conservación inmediata de la entrega.
- Distribución, en base a los momentos adecuados a la producción, para evitar interrupciones y que la producción sea simultánea y fluida.

Cálculo del *stock* indispensable

Se debe tener la certeza de que en ningún momento los departamentos se puedan quedar sin género, de ahí que se tenga la precaución, por parte del responsable o del economato, de tener una cantidad de mercancía almacenada en previsión de accidentes imprevistos. La cantidad va a depender de la naturaleza de la mercancía (perecedera o no perecedera), pero en cualquier caso la cantidad será mínima e indispensable para este menester.

La persona que controla el almacén tendrá la responsabilidad de:

- Controlar, a través de inventario, el almacén, las entradas y salidas.
- Control por proveedores de entradas y salidas mes a mes.
- Control de *stock* por producto, por unidades y por valor monetario periódicamente.
- Estadísticas por familia de productos, mes a mes.
- Tipos de proveedores, proveedores, familias, IVA de compra por producto.
- Cálculo de la cantidad a pedir de cada producto en función del *stock* mínimo marcado.
- Asegurar un mantenimiento y una limpieza adecuados y apropiados.
- Controlar las plagas.
- Vigilar la eficacia de los procedimientos de mantenimiento y saneamiento.
- Seguridad del personal y de productos alimenticios.

Lo habitual es que un programa informático realice estas operaciones, administrando los datos la persona responsable. Anteriormente a estos programas, se hacía este control de forma manual. Así, la ficha descriptiva de los productos que entraban en el almacén constaba de las siguientes especificaciones:

FICHA TÉCNICA DE ESPECIFICACIONES DE UN ARTÍCULO	
ARTÍCULO	CÓDIGO
ESTADO	ESPECIFICACIONES
Natural, refrigerado, congelado, conserva	
ESPECIFICACIONES	ESPECIFICACIONES
Vidrio, plástico, cartón, otros	
RACIÓN	ESPECIFICACIONES
Piezas enteras semi-racionado, racionado	
TRANSFORMACIÓN PREVIA	ESPECIFICACIONES
Crudo, precocinado, cocinado	
ASPECTO CUALITATIVO	ESPECIFICACIONES
Olor, color, textura, consistencia	
EMBALAJE	ESPECIFICACIONES
Peso	
Volumen	
N.º unidades	
Peso ración	
Stock máximo	
Rotación media	
VALOR NUTRITIVO	OBSERVACIONES
Calorías	
Hidratos de carbono	
Grasa	
Proteína	
Fibra	
Agua	
Cuantas más especificaciones de presentación en el mercado tenga un producto, la gestión de compras, almacenamiento y distribución a los distintos departamentos se hará con mayor control	

FICHA DE RECETA:				PAX:
TÉCNICAS DE COCCIÓN:		ELABORACIONES BÁSICAS DE MÚLTIPLES APLICACIONES:		TIEMPO APROXIMADO:
COMPOSICIÓN ALIMENTARIA:				APLICACIONES:
PRÓTIDOS	LÍPIDOS	GLÚCIDOS	CALORÍAS	
TÉRMINOS CULINARIOS:				
INGREDIENTES:	CANTIDAD	UNIDAD	PRECIO UND.	PRECIO TOTAL
		COSTE TOTAL		
		COSTE DE LOS ALIMENTOS POR RACIÓN		
		BENEFICIO BRUTO		
		P.V.P		
ELABORACIÓN:				

Ficha técnica de elaboraciones culinarias

Pedidos

El funcionamiento cotidiano de un establecimiento de estas características está basado en un sistema predeterminado y perfectamente sincronizado, para evitar cualquier tipo de error o despilfarro, que redundaría de forma negativa en la política empresarial del establecimiento.

En lo concerniente a los pedidos, existen mecanismos de control como son los vales de pedido, que reflejan el gasto de materia prima que se realiza en cada departamento.

Vale de pedido

Es un documento interno usado por los establecimientos que se utiliza como moneda de cambio, basándose en las necesidades de cada departamento. Sirve como justificante de las salidas del economato o almacén e imputa los consumos o gastos a los departamentos que los realizan, por lo que la cantidad de productos retirada será dada de baja en la ficha de inventario permanente, a la vez que se incluye en el consumo diario.

En dicho documento constará:

■ Nombre del departamento que hace la entrega (habitualmente el economato).
■ Numero del vale o documento.
■ Nombre del departamento que lo solicita.
■ Relación y cantidad de artículos solicitados.
■ Fecha y firma del responsable del pedido (jefe o subjefe del departamento).

Recepción de materias primas

En la recepción de materias primas se tienen en cuenta los tipos de géneros que entran, siendo este el primer paso para lograr una buena gestión del establecimiento.

Perecederos

Se denominan alimentos perecederos aquellos que comienzan una descomposición de forma sencilla. Agentes como la humedad, temperatura o presión son determinantes para que el alimento comience su deterioro. Estos alimentos deben conservarse en refrigeración.

La fruta y los productos lácteos son un claro ejemplo de ellos.

Nota

Los alimentos más perecederos son la nata, la leche, las frutas, los huevos, las carnes y los pescados.

No perecederos

Los alimentos no perecederos son aquellos que permanecen exentos de deterioro por más tiempo. Ejemplo de ellos son los frutos secos o las conservas. Estos alimentos pueden conservarse a temperatura ambiente si esta no es muy extrema.

Nota

Aunque todos los alimentos llevan fecha de caducidad por normativa alimentaria, los hay cuyo deterioro es a muy largo plazo, como en el caso de las especias o la miel.

Un menor porcentaje en agua en un producto garantiza una mayor durabilidad, siendo un ejemplo los frutos secos y frutas deshidratadas.

Además de la naturaleza del género, se tiene en consideración que la cantidad que se refleja en el albarán se corresponde con las cantidades que entran.

ALBARÁN

N.º de albarán:

Fecha:

CLIENTE

Portes:

Bultos:

Lugar de entrega:

CÓDIGO	CANTIDAD	ARTÍCULO	PRECIO	DCTO.	IMPORTE

OBSERVACIONES:

FIRMA Y NOMBRE DEL CLIENTE:

Asimismo, habrá de tenerse en cuenta los siguientes factores:

▮ La calidad se corresponde con la que se ha acordado con el proveedor. Si no es así, se rechaza.

▮ Si el artículo es refrigerado o congelado, pasará rápidamente a donde corresponda sin romper la cadena de frío, habiéndose asegurado de que llega en perfectas condiciones de temperatura.

▮ Controlar el sistema de almacenamiento en el economato o almacén, de tal forma que la mercancía que llega es la última en pasar a la zona de producción (la más antigua se utiliza en primer lugar).

▮ Cada producto tiene su lugar reservado y en todo momento se sabe cuál es el lugar que le corresponde.

 Recuerde

La recepción de materias primas es el primer paso para lograr una buena gestión del establecimiento.

4. Actividades de prevención y control de insumos y procesos para tratar de evitar resultados defectuosos

El insumo es un producto consumible utilizado en el proceso productivo de otro bien. Este término es equivalente al de materia prima. Los insumos usualmente son denominados factores de la producción o recursos productivos.

En general los insumos pierden sus propiedades y características para transformarse y formar parte del producto final.

Para el caso de servicios, se alude a ellos como recursos de entrada en el proceso, cuyo flujo de salida es el servicio entregado.

Es el material inicial (materia prima, subproducto) que se incorpora al proceso para satisfacer diferentes necesidades.

Ejemplo

El hojaldre es un producto terminado que necesita de insumos para prepararlo. Estos insumos son la materia prima, es decir, los ingredientes utilizados en su elaboración:

▎ Harina.
▎ Agua.
▎ Sal.
▎ Grasa.

Clasificación de los insumos

Existen múltiples formas de clasificarlos. Básicamente, se pueden dividir en dos:

- Trabajo (o mano de obra).
- Capital. Este capital es el que se conoce como capital físico o productivo (maquinaria, equipo, instalaciones, tecnología en general), que es distinto al capital financiero (líquido).

Nota

Por lo general, los insumos se miden en flujos.

Métodos para conservar insumos

Una buena manera para conservar los insumos es hacerlo basándose en sus propiedades organolépticas. Si se tratase de un insumo de origen animal, por ejemplo: leche, huevos, nata o mantequilla, lo más apropiado sería mantenerlos guardados y con una buena ventilación, o aislados en una cámara frigorífica.

 Sabía que...

Las propiedades organolépticas de un alimento son el conjunto de descripciones de las características físicas que tiene el alimento en general, como por ejemplo su sabor, textura, olor y color. Todas estas emociones producen al comer una sensación agradable o desagradable.

En algunas ocasiones estas propiedades son utilizadas para distinguir un alimento fresco de uno descompuesto. En algunos restaurantes o diversos negocios de alimentos son usadas para analizar los ingredientes o productos. Estas propiedades califican a los alimentos, por ejemplo en la cata o análisis sensorial del aceite de oliva. Según el resultado organoléptico, el aceite de oliva podrá recibir la calificación de extra virgen o, por lo contrario, ser descartado para el consumo directo, siendo un aceite lampante y enviado a las refinerías.

4.1. Procesos para tratar de evitar resultados defectuosos

Existe una polémica surgida sobre si la gestión de la Calidad Total es más filosofía que técnica, o viceversa. Lo que es cierto es que sin la filosofía inspiradora la calidad no puede existir. Por otro lado, si esta inspiración no se materializa en actuaciones concretas, no pasará de ser un sueño irrealizado. La combinación de la parte intangible con los mecanismos para su desarrollo es la asociación perfecta.

Bajo la denominación de herramientas para la calidad son muchos los instrumentos que se utilizan. A continuación, se mencionan los más importantes.

Manuales

Un manual es, en esencia, una recopilación de políticas y de procesos que la empresa adopta para el aseguramiento de la calidad.

Existen fundamentalmente dos tipos:

- Los que siguen una normativa tipificada y que van orientados a conseguir, además de la calidad, la posibilidad de ser incluidos en un registro de empresas adheridas al sistema.
- Otros, más libres, que han sido concebidos de acuerdo con una metodología no normalizada.

El registro de la empresa viene a ser como un reconocimiento formal de que la misma se rige por normas de calidad y va orientado a que los clientes reales o potenciales tengan conocimiento de ello. Para ingresar en el registro han de redactar el manual, someter este a aprobación y, posteriormente, pasar un examen de aplicación.

Normas de la Bristish Standars Institution e Internacional Standars Organization

Al ser originariamente concebidas estas normas para organizaciones industriales, orientadas a los mercados internacionales, su sistemática y metodología resulta un poco extraña a las empresas de restauración. En estas, además, no existe ningún interés especial por estar incluidas en el registro, ya que los clientes que no conocen los establecimientos se guían por otras referencias (guías como la Michelín, RACE, *American Express,* etcétera), o por la recomendación de un amigo o conocido.

 **Importante**

Aun cuando no existe tradición al respecto, es importante que las empresas de nuestro sector se hagan a la idea de que, adopten el sistema que adopten, es necesario que formulen por escrito tanto sus políticas como las especificaciones técnicas de los procesos. Estos, a su vez, deberán ser ampliados de forma descendente hasta llegar al detalle, con inclusión de las materias primas empleadas y el equipo a utilizar. Una receta de cocina, que contiene los ingredientes y el proceso de elaboración es un ejemplo de especificación.

Métodos de proceso de mejora continua

Estos métodos, propugnados por diferentes empresas internacionales de consultaría, van encaminados tanto a la implantación como a la alimentación del sistema y se basan fundamentalmente, con más o menos variantes, en el proceso circular siguiente:

- Apreciación de las expectativas del cliente.
- Diseño.
- Ejecución.
- Evaluación.
- Medidas correctivas.

Sistemas y métodos de resolución de problemas

Aun cuando la diferencia entre ambos términos puede no ser significativa, el término de sistema se utiliza para definir los diferentes procesos secuenciales propuestos para cubrir dicho objetivo. Así, por ejemplo, se establecen en dicho proceso los pasos siguientes:

- Definición del problema y análisis de si merece o no la pena solucionarlo.
- Analizar las posibles causas.
- Identificar las posibles soluciones.

- Seleccionar la mejor solución.
- Diseñar un plan de acción.
- Ejecutar el plan.
- Evaluar el progreso.

Con relación a los métodos, se utiliza esta expresión para aquellas técnicas susceptibles de ser utilizadas en uno o varios de estos pasos. Pueden usarse aislados o combinados, siendo este último el procedimiento más efectivo. Los métodos más empleados son:

- El *brainstorming* o tormenta de ideas.
- El diagrama causa-efecto de Ishikawa, también llamado de espina de pescado.
- El gráfico de Pareto, o regla 80/20, que defiende que el 80 % de los problemas pueden ser atribuidos al 20 % de las causas.
- El método de profundización hacia las raíces del problema, o de los sucesivos porqués.
- El de valoración de criterios, que se aplica a la selección de soluciones.

Diagrama causa-efecto de Karou Ishikawa

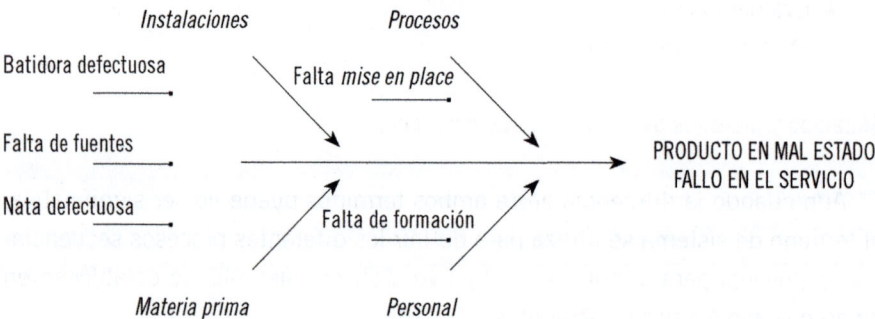

Aplicación práctica

Usted es contratado para supervisar el sistema de calidad de una empresa. En su sistema de evaluación, ¿qué indicadores o criterios va a establecer o evaluar?

SOLUCIÓN

Evaluación de los productos terminados:

I Si se trata de una empresa de restauración con una típica organización de servicios, estos productos no estarán terminados hasta ser consumidos por lo que la evaluación resultará de gran dificultad, pudiendo llevarse a cabo por métodos indirectos, como cuestionarios de satisfacción al cliente.

Evaluación interna:

I Constituye un importante mecanismo para la compresión de la organización en cuanto a cultura, valores, objetivos, relaciones y equipo humano. También se evalúan otras partes más tangibles como materias primas y procesos de producción.
I Aunque se escapa al ámbito de la evaluación interna, es necesario supervisar la relación con proveedores, asegurando la relación empresa-proveedor y comprobando el grado de confianza mutua entre ambos.

5. Regeneración y/o acondicionamiento de materias primas en pastelería y repostería

La regeneración es una parte importante y variada dentro de la práctica de las elaboraciones culinarias del tipo que sean. Por lo tanto, se puede definir la regeneración en gastronomía como:

■ El proceso por el que pasan los alimentos desde su estado de conservación hasta ser manipulados o puestos a temperatura de consumo.
■ Recalentar los alimentos a temperaturas de consumo.
■ Rehacer o reponer las características iniciales de productos y elaboraciones culinarias.

Nota

El campo de la regeneración está directamente ligado a los procesos de cadena o línea fría.

Se pueden establecer diferencias entre las distintas formas de regenerar en función del producto que se regenera:

- Materia prima.
- Preelaboraciones de la materia prima.
- Elaboraciones básicas de pastelería.

Además, se establecen diferencias entre materias primas congeladas y la regeneración de elaboraciones ya terminadas y que son sometidas posteriormente a procesos de conservación en frío.

En el caso de los productos congelados, la descongelación se hará en cámaras de refrigeración, a temperaturas no superiores a 2 ºC. Su utilización será inmediata, en consonancia con la normativa legal. Una vez retirada del frío se procederá sin demora a su tratamiento.

De igual forma, hay que tener la certeza de que se ha producido una descongelación-regeneración correcta, teniendo la seguridad de que la descongelación llega al centro del producto.

Importante

En caso de comidas elaboradas, la normativa hace referencia a que estas preparaciones, refrigeradas, congeladas o ultracongeladas, se regeneren inmediatamente antes de su consumo con los procedimientos acordes a la regeneración, hasta alcanzar los 70 ºC el centro del alimento, manteniéndolos a esta temperatura no más de dos horas.

La descongelación de la comida congelada se realizará introduciéndola directamente en los equipos apropiados para su puesta a temperatura de consumo. La comida que ha tenido un proceso de regenerado no podrá ser recongelada o recalentada bajo ningún concepto.

Al mismo tiempo es el proceso que va a determinar la calidad final del producto, ya que, aunque la cocción, el acondicionamiento, el abatimiento, la conservación, el emplatado y la distribución se hayan realizado correctamente, el resultado final puede verse comprometido en el proceso de regeneración.

Una inadecuada regeneración puede tener simplemente su origen en el proceso químico de transformación que sufre el alimento cocinado al ser enfriado y regenerado. Salvando esta situación, en líneas generales, una buena regeneración está condicionada por:

- Temperatura.
- Tiempo.
- Humedad.
- Método o sistemas de calentamiento.
- Progresión e inercia del calentamiento.

La regeneración puede realizarse mediante distintos equipos destinados a este menester:

- Hornos dotados de sistemas de regeneración.
- Microondas específico.
- Armario y carro de regeneración.

La utilización de uno u otro equipo básicamente vendrá determinada por el tipo de acondicionamiento, por el volumen de alimento a regenerar o por el tipo de servicio.

La clara determinación del tipo de proceso que se plantee definirá cuál es el tipo de regeneración más adecuado.

Como norma general, en restauración colectiva la regeneración debe realizarse a una temperatura mínima de 75 °C mediante calentamiento progresivo que garantice la aportación de calor controlada por termostato plato a plato, de forma que, en función de la cantidad de cada ración, se aporte la temperatura necesaria.

El sistema más agresivo es el aire forzado, que requiere de un calentamiento a 138 °C para alcanzar en el interior del alimento los 70 °C en el tiempo necesario. Este sistema somete a esta temperatura a todos los elementos estructurales del propio regenerador (bandejas, vajillas, etcétera), con el desgaste que eso conlleva.

5.1. Regeneración de alimentos tratados con la técnica de vacío

Los productos o elaboraciones preparados al vacío mediante una cocción indirecta, con su posterior enfriamiento y conservación, requieren ser regenerados en el momento del pase, a menos que deban consumirse en frío.

El objetivo de este proceso es recuperar la temperatura con una mínima agresión al producto.

Existen dos posibilidades:

- Si el producto ya está listo para su consumo y en caso de que no este prevista una doble cocción, se puede regenerar el producto de varias maneras:

  - En la propia bolsa: bastará con calentarlo en el termo de cocción o en un ambiente húmedo: baño maría convencional, horno de vapor, etcétera.

La ultilización del roner es una de las más extendidas en la regeneración de productos en su bolsa.

▪ Fuera de la bolsa: en otro envase, regenerando con un sistema tradicional: horno, parrilla, sartén, microondas, etcétera.

■ Si el producto precisa de una doble cocción. Las cocciones al vacío no pueden aportar las particularidades que se consiguen con los métodos de cocción tradicional, por ejemplo las reacciones de Maillard o la caramelización, por lo que se puede dotar al producto cocido al vacío de las ventajas de la cocción tradicional: marcar el producto antes de la cocción al vacío, marcar el producto después de la cocción al vacío. Es importante señalar que la doble cocción no es solo una manera como otra de regeneración. Cuando se utiliza este sistema se busca un resultado que combine las dos cocciones y, por tanto, las particularidades que ambas ofrecen.

Definición

Reacciones de Maillard

Son un conjunto complejo de reacciones químicas que se producen entre las proteínas y los azúcares que se dan al calentar los alimentos. Se trata básicamente de una especie de caramelización de los alimentos. Es la misma reacción la que colorea de marrón la costra de la carne mientras se cocina al horno o a la plancha. Los productos mayoritarios de estas reacciones son moléculas policíclicas, que aportan sabor y aroma a los alimentos, aunque también pueden ser cancerígenas.

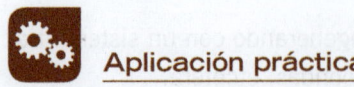

Aplicación práctica

Imagínese con la responsabilidad de tener que llevar a cabo la organización de un almacén o economato de un establecimiento de hostelería. ¿Qué consideraciones tendrá en cuenta para el buen funcionamiento del almacén?

SOLUCIÓN

    I. Controlar, a través de inventario, el almacén, las entradas y salidas

    II. Control por proveedores de entradas y salidas mes a mes.

    III. Control de *stock* por producto. Se llevará el control por unidades y por valor monetario periódicamente.

    IV. Estadísticas por familia de productos, mes a mes.

    V. Tipos de proveedores, proveedores, familias, IVA de compra por producto.

    VI. Cálculo de la cantidad a pedir de cada producto en función del *stock* mínimo marcado.

    VII. Asegurar un mantenimiento y una limpieza adecuados y apropiados.

    VIII. Controlar las plagas.

    IX. Vigilar la eficacia de los procedimientos de mantenimiento y saneamiento.

6. Identificación, manejo y parámetros de control de los equipos asociados

Los equipos más representativos en la conservación y regeneración de los alimentos, así como las fases y riesgos en la ejecución, son los siguientes:

- Cámara de refrigeración.
- Cámara de congelación.
- Armario caliente de regeneración.
- Baño maría.
- Horno de convención.
- Horno microondas.
- Freidora.

6.1. Equipos asociados a la conservación y regeneración de alimentos

El mercado ofrece infinidad de productos destinados a la conservación y regeneración de alimentos, los más destacados son los que se describen a continuación.

Equipos asociados a la conservación

Además de las cámaras de refrigeración y congelación, también será imprescindible para llevar a cabo un correcto proceso de conservación el uso del abatidor de temperaturas, evitando la formación de grandes cristales o la demora en la bajada de temperatura, todo ello descrito a continuación.

Cámara de refrigeración

Esta tecnología se aplica para conservar los alimentos crudos, semielaborados y elaborados. Son espacios amplios dotados de grandes ventiladores que esparcen frío de forma constante. En la cavidad de la cámara las temperaturas idóneas son:

- Frutas y verduras: entre 6 y 8 ºC.
- Productos lácteos y ovoproductos: entre 2 y 4 ºC.
- Productos de pastelería semielaborada o elaborada con productos perecederos: entre 2 y 4 ºC.

Cámara de refrigeración

Cámara de congelación

Esta tecnología se aplica para conservar los alimentos crudos, semielaborados y elaborados. Igual a la refrigeración, la diferencia entre ambas es la temperatura, que será de -18 °C.

Siempre que se entre a una cámara de congelación se deberá estar protegido del frío.

Abatidor de temperatura

Esta máquina sirve para bajar rápidamente la temperatura de todos aquellos productos elaborados que alcancen temperaturas que sobrepasen los 5 °C, temperatura en la cual la multiplicación bacteriana es exponencial. Es especialmente útil e imprescindible para bajar la temperatura de fondos, estofados, cremas elaboradas con lácteos y ovoproductos, etcétera.

 Importante

Es obligatoria su utilización en hoteles o en establecimientos donde se producen grandes cantidades de menús y, posiblemente en un futuro, será obligatoria en todos los locales donde se cocinen productos alimenticios.

Dependiendo del programa que se aplique puede bajar la temperatura:

■ Refrigerando, desde los 75 °C a 4 °C, en dos horas.
■ Congelando, desde los 75 °C a -18 °C, en cuatro horas.

*Abatidor de temperaturas
(© Fotografía: Sammic SL
Vía Web - CC BY-SA 2.0)*

Equipos asociados a la regeneración

Se diferencian como principales equipos asociados a la regeneración los siguientes:

Armario caliente de regeneración

Esta tecnología permite regenerar alimentos que hayan sido sometidos a un proceso de cocinado previo y posterior conservación.

■ Se utiliza para el mantenimiento de la comida hasta la hora del servicio a temperatura de consumo.
■ La temperatura máxima del interior del carro es de 105 °C y la temperatura de regeneración es de 75 °C en el interior de los géneros.
■ El producto debe alcanzar la temperatura de consumo en un tiempo inferior a 2 horas.

▌ Una vez alcanzada la temperatura de consumo, se mantienen los alimentos sin que esta temperatura sea inferior a 75 ºC en ningún momento.

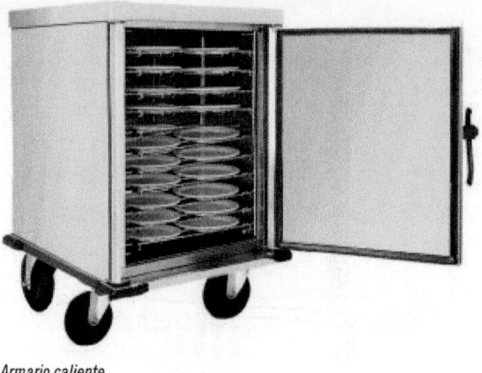

Armario caliente

Baño maría

Tecnología que permite regenerar alimentos que hayan sido sometidos a un proceso de cocinado previo y posterior conservación. Esta técnica se emplea en recetas terminadas, que necesitan de regeneración o recalentamiento.

▌ Se utiliza para el mantenimiento de la comida a temperatura de consumo hasta la hora del servicio.
▌ La temperatura máxima que llega a alcanzar es de 100 ºC, aunque la ideal de regeneración es de 75 ºC en el interior de los géneros.
▌ Los alimentos a regenerar con baño maría se depositan en recipientes gastronómicos propios.

Baño maría eléctrico

Sabía que...

El baño maría termostático es un método que, además de para cocinar alimentos, es empleado en las industrias farmacéutica y cosmética con el fin de conferir una temperatura constante y uniforme a una sustancia sólida o líquida, o para calentarla lentamente, sumergiendo el recipiente que la contiene en otro mayor con agua que se lleva o está en ebullición.

Horno de convención

Esta tecnología permite regenerar alimentos que hayan sido sometidos a un proceso de manipulación o cocinado previo y posterior conservación, con los siguientes inconvenientes:

■ El exceso de tiempo reseca el género.
■ No admite huevos crudos.
■ No admite caldos.

Horno de convención

Horno microondas

Es una tecnología que permite regenerar alimentos que hayan sido sometidos a un proceso de manipulación (alimentos crudos, naturales) o con cocinado previo (platos terminados para su consumo) y que posteriormente se han conservado.

Con el horno microondas se tendrá en cuenta:

■ No admiten normalmente recipientes metálicos, excepto algunos que actualmente se fabrican para tal uso.
■ El exceso de tiempo reseca el género por la pérdida de agua.
■ No admite algunos alimentos crudos como los huevos, que llegan a reventarse.
■ Tener precaución con los líquidos pues hierven de forma brusca al recalentarlos. No regenerarlos con cierres herméticos, ya que el vapor de agua que se genera en el interior puede hacer estallar el recipiente.
■ Suelen ir bien en el fundido del chocolate.

Horno microondas

Sabía que...

Alrededor de 1946, Percy Spencer, ingeniero norteamericano, estaba probando un nuevo tubo para un radar llamado magnetrón cuando descubrió que un dulce que tenía en su bolsa se había derretido. Intrigado y pensando que quizá la barra de chocolate había sido afectada casualmente por esas ondas, el doctor Spencer hizo un experimento. Esta vez colocó algunas semillas de maíz para hacer palomitas cerca del tubo y, permaneciendo algo alejado, vio con una chispa de inventiva en sus ojos cómo el maíz se movía, se cocía e hinchaba y brincaba, esparciéndose por todo el laboratorio. Había descubierto otra forma de cocinar alimentos.

Freidoras

Esta tecnología permite regenerar alimentos que hayan sido sometidos a un proceso de manipulación o cocinado previo, teniendo en cuenta que:

- No admite géneros con mucha agua.
- Es conveniente que el aceite sea limpio.

Freidora

Aplicación práctica

Imagínese con la responsabilidad de tener que hacer tarta de nata y yema pastelera para un evento importante. ¿Qué métodos y equipos utilizaría para reducir los riesgos de contaminación alimenticia a cero?

SOLUCIÓN

Para la crema de yema:

▎ Pasteurización

Llevar la crema de yema a una temperatura de 90 ºC en el centro de la mezcla.

▎ Refrigeración

Utilizar el abatidor de temperatura bajando la temperatura de la crema a 4 ºC en un intervalo nunca superior a las dos horas.
Mantener en la cámara de refrigeración hasta el momento de realizar la tarta y volver a refrigerar manteniendo la cadena de frío hasta que sea servida. Si se sirve después de 24 horas se aconseja la congelación.

Continúa en página siguiente >>

<< Viene de página anterior

Para la nata:

I Refrigeración

Bajar la temperatura de la nata antes de abrir el envase. Esto debe ser sobre 3 °C o 4 °C. Mantener esta temperatura durante el manipulado de la tarta y mantener en refrigeración hasta ser servida. Si hasta el momento de ser consumida fuesen a pasar más de 24 horas es aconsejable la congelación una vez terminada la tarta.

7. Resumen

Conocer los métodos de conservación y regeneración, junto con los conocimientos necesarios para realizar la logística o el acopio justo de materia prima a la hora de aprovisionar el establecimiento, para el perfecto funcionamiento de este, forma parte de la coherencia y el raciocinio de los profesionales a la hora de dirigir con éxito un establecimiento de hostelería.

La deducción y cálculo de las necesidades de género en función de las elaboraciones a desarrollar es fundamental, así como conocer las distintas fases que tienen lugar en la elaboración y preelaboración de múltiples aplicaciones.

De igual modo, se hace preciso un control en el aprovisionamiento interno y de la formalización de la documentación de las operaciones realizadas, en el cálculo del *stock* indispensable, en la relación de pedidos y en la recepción de materias primas.

Por último, es necesario llevar a cabo una serie de actividades de prevención y control de insumos y procesos para tratar de evitar resultados defectuosos, teniendo en cuenta las causas que intervienen en la regeneración y conociendo los equipos necesarios.

Ejercicios de repaso y autoevaluación

1. **¿De quién depende la organización de la partida de pastelería?**

   a. Del director.
   b. Del jefe de compras.
   c. Del jefe de economato.
   d. Del jefe de cocina o del jefe de obrador.

2. **Coordinar y controlar el trabajo del obrador es una tarea del...**

   a. ... jefe de pastelería.
   b. ... oficial de primera.
   c. ... heladero.
   d. ... dueño de la pastelería-panadería.

3. **El oficial de primera de un obrador de pastelería...**

   a. ... hace las veces del jefe cuando este no está.
   b. ... se encarga de reponer los géneros necesarios para la puesta a punto del servicio.
   c. ... se encarga de poner a punto la maquinaria, para empezar la jornada laboral.
   d. ... no existe esta categoría profesional en pastelería.

4. **Se dice que un proveedor tiene solvencia cuando...**

   a. ... garantiza en todo momento el servicio del producto.
   b. ... sirve el género bien refrigerado.
   c. ... sirve el género con la fecha de caducidad correcta.
   d. ... no pone inconvenientes a la hora de servir el pedido.

5. **Se puede entender como preelaboraciones...**

   a. ... poner los géneros en remojo.
   b. ... poner los géneros en descongelación.

    c. ... poner los géneros a 100 ºC.

    d. ... poner un producto recibido del proveedor en condiciones de poder elaborarlo.

6. ¿Qué es una operación básica de pastelería?

    a. Aquella que lleva gran cantidad de huevos.

    b. Aquella que va a servir para elaborar otras más complejas.

    c. Aquellas que después de hacerlas se envasan al vacío.

    d. Aquellas que se utilizan en decoración.

7. Son operaciones básicas...

    a. ... batir, mezclar, amasar.

    b. ... cocer, laminar, decorar.

    c. ... freír, espolvorear, gratinar.

    d. ... ninguna de las mencionadas son operaciones básicas de pastelería.

8. El vale de pedido se utiliza como...

    a. ... documento para pedir géneros perecederos.

    b. ... documento para hacer pedido directamente a los proveedores.

    c. ... documento donde se anotan las incidencias ocurridas durante la jornada.

    d. ... documento interno utilizado entre los departamentos.

9. ¿Qué es un alimento perecedero?

    a. Aquel que no precisa de conservación.

    b. Alimento rico en hidratos de carbono.

    c. Aquel que debe tener un tratamiento térmico antes de utilizarlo.

    d. Aquel que comienza la descomposición de forma rápida y sencilla.

10. ¿Qué es un albarán?

    a. Un documento para llevar el control de la gestión del economato.

    b. Un documento que utiliza el jefe de obrador para hacer pedidos al almacén.

    c. Una elaboración básica de múltiples aplicaciones.

    d. Es un documento mercantil que acredita la entrega de un pedido.

Capítulo 2

Operaciones y técnicas básicas en pastelería-repostería

Contenido

1. Introducción

La pastelería es el establecimiento donde se preparan pasteles, postres, pastas y todo tipo de elaboraciones dulces y algunas saladas, como pizzas, empanadas, fiambres y la elaboración de algunas bebidas. También se conoce como repostería, confitería o pastelería, el establecimiento donde se venden estas preparaciones.

La profesión de pastelero es considerada como el arte de realizar, decorar y presentar este tipo de elaboraciones. El buen pastelero posee la facultad y la agudeza que le permite transformar las materias primas en elaboraciones artísticas, propiciando la creatividad y la imaginación en el desarrollo de sus trabajos. El pastelero, como cualquier profesional especialista del ámbito que sea, se ha de regir por una serie de conocimientos y reglas tanto teóricas como prácticas que le permitan alcanzar un dominio perfecto de las habilidades y destrezas propias de la profesión.

En este capítulo, se van a desarrollar los términos más usados en pastelería, junto a un estudio sobre materias primas y útiles de pastelería además de todo lo que concierne a las preparaciones y preelaboraciones básicas.

2. Vocabulario técnico asociado a la pastelería y repostería

Son muchos los términos específicos gastronómicos usados en la pastelería. Para un buen conocimiento y manejo de estos, se exponen los siguientes:

- **Abrillantar:** dar brillo con jalea, grasa o huevo, a un preparado, que puede estar tanto crudo como elaborado.
- **Amasar:** trabajar con las manos o máquina amasadora una preparación, con el objetivo de homogeneizar los ingredientes.
- **Aromatizar:** añadir vino o especias a un preparado de sabor y olor característicos y diferenciadores.
- **Asar:** cocinar un género al horno o la parrilla solo con un poco de grasa, de forma que quede dorado en su exterior.
- **Atemperar:** poner a temperatura de uso cualquier materia prima o utensilio.

- **Bañar:** cubrir total o parcialmente un género con materia líquida, pero lo suficientemente espesa como para que quede impregnado de ella.
- **Blanquear:** batir fuertemente yemas o huevos con sólidos (por ejemplo, el azúcar) hasta que se aclare su color. Las claras se blanquean cuando se montan con azúcar para elaborar merengue.
- **Caramelizar:** cubrir con caramelo una elaboración o la superficie de un recipiente.
- **Coagular:** solidificar un líquido.
- **Cocer:** transformar por la acción del calor un género con el fin de hacerlo más digerible o ablandarlo. Se usa también para definir el proceso por el cual entra en ebullición un líquido o elaboración.
- **Colorear:** dar color a una elaboración usando para ello colorantes naturales o vegetales, en polvo o líquidos.
- **Cortarse:** dividirse la leche, ciertas mezclas cremosas y algunas salsas, en partes sólidas y líquidas.
- **Cristalizar:** hacer tomar a un elemento la forma cristalina, mediante operaciones adecuadas a ciertas sustancias.
- **Cuajar:** acción de dejar que una elaboración espese hasta perder su estado líquido.
- **Descorazonar:** quitar el centro o el corazón a las frutas y verduras. Quitar el hueso a los frutos.
- **Desmoldar:** sacar una elaboración de un molde, permaneciendo esta con la forma del mismo.
- **Despumar:** retirar con la ayuda de una espumadera las impurezas que quedan flotando en un preparado durante su cocción.
- **Emborrachar:** empapar una elaboración en almíbar, vino o licor.
- **Empanar:** pasar por harina, huevo batido y pan rallado un género previamente aderezado.
- **Emplatar:** colocar las elaboraciones ya acabadas en la fuente o plato en que han de servirse.
- **Emulsionar:** es la acción de realizar una emulsión. Una emulsión es la preparación que se obtiene al mezclar dos ingredientes que son incompatibles entre sí. Por ejemplo, una emulsión de agua y aceite.
- **Engrasar:** untar con mantequilla o algún tipo de grasa un molde o placa.
- **Enharinar:** cubrir de harina la superficie de un género o recipiente.

- **Escarchar:** técnica culinaria por la que un alimento, generalmente la fruta, queda recubierta por una capa de azúcar cristalizada. Generalmente, se realiza introduciéndola en un almíbar.
- **Escudillar:** verter una preparación cremosa o una masa en moldes o recipientes, utilizando mangas y boquillas.
- **Escurrir:** acción por la que se retira el líquido a una elaboración que se encuentra empapada en él. Se refiere también al líquido que pueda contener en su interior.
- **Especiar:** añadir productos de origen vegetal a una elaboración para que le aporten sabor. Estos productos pueden ser en polvo o enteros. Pueden ser hojas, raíces, flores, bulbos, etcétera.
- **Espesar:** acción que se realiza con el objetivo de hacer más densa una preparación.
- **Espolvorear:** repartir en forma de lluvia un género muy picado o en polvo.
- **Estirar:** extender una masa sobre una superficie con la ayuda de un rodillo, laminándola para hacerla más extensa y delgada. Por ejemplo, estirar las masas de pasta brisa u hojaldre.
- **Estofar:** cocinar un género en su propio jugo y el que poseen los elementos que le acompañan en su condimentación o guarnición, a fuego suave.
- **Fermentar:** acción por la que las masas elaboradas con levadura aumentan su volumen, adquiriendo esponjosidad al ponerlas a temperatura templada.
- **Flambear:** proceso por el cual se añade licor a un género y se hace arder.
- **Freír:** cocinar un género en una sartén o freidora con grasa caliente, formando una costra dorada.
- **Fundir:** derretir los alimentos con el fin de obtener una base uniforme.
- **Garrapiñar:** bañar en almíbar formando grumos. Por ejemplo, las almendras o piñones garrapiñados.
- **Glasear:** espolvorear una preparación con azúcar glas. Este término se usa también cuando se cubre con fondant un género. La última acepción se usa para definir la finalización de las elaboraciones con mermeladas, azúcar caramelizada, etcétera.
- **Gratinar:** tostar la superficie de un género en un horno fuerte, salamandra o gratinador.

- **Guarnecer:** acompañar una elaboración principal con otras menores, que reciben el nombre de guarnición.
- **Helar:** introducir el mix o mezcla de ingredientes tras su pasteurización y maduración en la mantecadora o freezer para la obtención del helado o sorbete.
- **Hervir:** cocinar un género por su inmersión en un líquido en ebullición. En una segunda acepción también define el hecho de hacer que un líquido entre en ebullición por la acción del calor.
- **Hidratar:** devolver al estado natural de humedad los tejidos de los géneros.
- **Hilar (huevos):** batir los huevos con suficiente azúcar hasta que adopten forma de hilos.
- **Infusionar:** llevar a ebullición un líquido con elementos aromatizantes para obtener sus aromas y, tras la ebullición, mantener unos minutos para extraer todo el aroma.
- **Licuar:** acción de convertir un elemento en líquido por medio del calor o mediante el triturado.
- **Moldear:** colocar un preparado dentro de un molde para que este tome la forma correspondiente.
- **Montar:** se usa como sinónimo de batir. Hace referencia también al hecho de colocar las elaboraciones después de cocinadas sobre un plato o fuente.
- **Napar:** cubrir una elaboración con salsa, crema, líquido, etcétera, suficientemente espeso, para que quede sobre ella.
- **Pasteurizar:** método usado para eliminar los gérmenes al calentar un género durante unos segundos a temperatura de 70 ºC, posteriormente enfriado rápidamente para evitar que la excesiva exposición al calor pueda eliminar los nutrientes.
- **Perfumar:** término que se usa como sinónimo de aromatizar.
- **Pomada (poner en):** término empleado para definir un punto de la mantequilla o la manteca que se logra cuando se encuentra a una temperatura ambiente de 24-25 ºC. En este punto la mantequilla o manteca se encuentra fría pero moldeable.
- **Racionar:** dividir un género o elaboración en porciones para su distribución.
- **Rebozar:** pasar un género por harina o huevo batido, quedando totalmente cubierto por una fina capa antes de freír.

- **Reducir:** disminuir el volumen de una preparación líquida por medio de la evaporación. Este proceso ayuda a que la preparación resulte más sustanciosa o ligada.
- **Regenerar:** es un proceso cuyo objetivo es mantener la calidad del alimento. Para ello se pueden usar múltiples sistemas o medios. El resultado dependerá tanto del tipo de producto como del envase que se use.
- **Reposar:** acción de dejar quieta durante un determinado tiempo alguna elaboración. También se usa para referirse a la cocción lenta de un guiso.
- **Saltear:** cocinar a fuego violento, total o parcialmente, un género, resultando jugoso por dentro y dorado en el exterior.
- **Tamizar:** separar con un tamiz o cedazo las impurezas de las sustancias en polvo, como la harina.
- **Tostar:** dorar la superficie de la elaboración al aplicar un calor directo.

3. Operaciones básicas: pesar, medir volúmenes, batir, mezclar, amasar, incorporar, tamizar, cocer y freír

En este punto se van a estudiar algunas de las operaciones más usuales en los obradores de pastelería y panadería.

3.1. Pesar

Según el Diccionario de la Real Academia Española, pesar es:

Determinar el peso, o más propiamente, la masa de algo por medio de la balanza o de otro instrumento equivalente.

Este proceso es muy importante en el ámbito de la pastelería, pues para conseguir preparaciones con éxito y seguridad es conveniente guiarse por la fórmula establecida a realizar. Aquí no valen las medidas a ojo, pues pueden arruinar nuestra elaboración. Por ello, en todo obrador debe haber al menos dos básculas, una de precisión, para medidas pequeñas, utilizadas para el peso de espesantes o gelatinas, y otra para grandes medidas, normalmente destinada a medir pesos de más de 5 g, pudiendo ser digitales o analógicas.

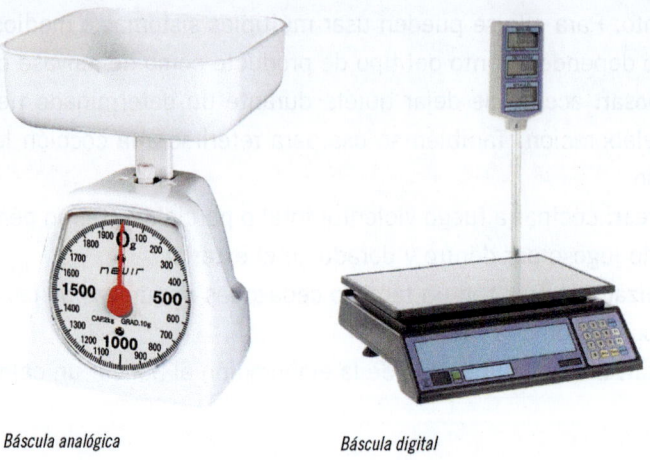

Báscula analógica   Báscula digital

3.2. Medir volúmenes

Todos los ingredientes requeridos en una pastelería u obrador no son elementos secos, sino que, en ocasiones, también son líquidos. Estos líquidos no pueden ser medidos mediante un peso, pues en la mayoría de ocasiones no corresponde su peso con su volumen.

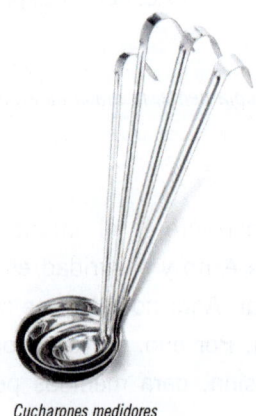

Cucharones medidores

Por ello, y sabiendo que un litro corresponde a un decímetro cúbico (cubo de 10 cm de lado), se han creado utensilios con tales medidas, proporcionales a la medida requerida.

Estos utensilios pueden ser fabricados solo para tal fin, como los vasos medidores, probetas, etcétera. Otros tienen una doble utilidad, como es el caso de los cucharones dotados de medidas.

Ejemplo

Cucharones medidores de 1 litro, ¾ litro, ½ litro y ¼ litro, que son muy eficaces y de gran utilidad.

3.3. Batir

Según el Diccionario de la Real Academia Española, batir es:

Mover y revolver alguna sustancia para que se condense o trabe, o para que se licue o disuelva.

Definición

Batir
Remover enérgicamente unos ingredientes en estado líquido para que alcancen otro estado sólido o esponjoso (nata, huevos, etcétera).

Cabe destacar que batir una materia prima no siempre implica su posterior montado. Esta operación se puede realizar manualmente con un batidor o bien de forma mecánica con una batidora eléctrica.

Batido manual de claras y batido de claras con batidora

Batidor

Es un utensilio metálico de acero inoxidable o fibra y mango ergonómico, en algunos casos. Formado por varillas. Sirve para remover, mezclar y batir de forma manual.

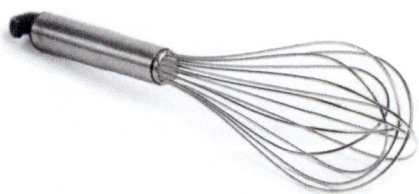

Batidor manual

Batidora

Se emplea para montar, batir y mezclar géneros. Un motor eléctrico hace girar un eje, ese eje va conectado a una serie de engranajes al que se conectan tres tipos de accesorios: la batidora, la espiral y la pala. Al girar, estas provocan el movimiento de batido de la mezcla de ingredientes. El movimiento es de rotación y traslación.

Utilización de los accesorios

Batidora

Se utiliza para batir y esponjar productos, por lo que lleva un elevado número de varillas de acero inoxidable, proporcionando una agitación más intensa en toda la masa.

Espiral

Se utiliza para amasar con gran energía las masas de pastelería. Hace presión en ellas hacia abajo.

Pala

Se utiliza para mezclar productos. Actúa apartando la masa de las paredes del recipiente.

La batidora amasadora suele tener varias velocidades controladas electrónicamente o mecánicamente mediante un interruptor, permitiendo crear nuevos alimentos uniendo ingredientes. Tanto los accesorios como el perol son de acero inoxidable. Al poder desmontar el perol y los accesorios totalmente se facilita la limpieza e incluso la manipulación del recipiente.

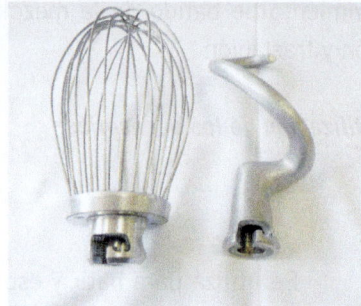

Batidora amasadora

Accesorios de batidora amasadora

3.4. Mezclar

Las mezclas son obtenidas a través de procesos específicos, dando lugar a un preparado o producto singular. Dichas mezclas, se obtienen por:

- Juntar, unir, incorporar algo con otro ingrediente, confundiéndolos.
- Remover, con ayuda del batidor, cualquier combinación semilíquida para introducir aire en la mezcla.
- En química, una mezcla homogénea es aquella en la que los distintos elementos que la componen están totalmente interrelacionados entre sí y no se distinguen unos de otros.
- Una mezcla heterogénea es aquella en la cual se pueden distinguir a simple vista sus componentes y está formada por dos o más sustancias físicamente distintas, distribuidas en forma desigual. Las partes de una mezcla heterogénea pueden separarse con facilidad.

Pese a que tradicionalmente se ha aceptado el manejo de masas y batidos directamente con las manos, se aconseja el uso de herramientas y maquinaria que lo evite, siendo una medida higiénica, que no mermará la calidad del producto final.

 Ejemplo

El azúcar con el agua, o el agua y la harina, forman una mezcla homogénea.

Las ensaladas forman una mezcla heterogénea.

3.5. Amasar

El concepto de amasado puede precisar dos definiciones:

- Mezcla que proviene de la incorporación de un líquido a una materia pulverizada de la cual resulta un todo espeso, blando y consistente.
- Trabajar mezclas a base de harina, huevos, líquido, etcétera, hasta conseguir unir y amalgamar todos los elementos: pan, bizcochos, etcétera.

Esta operación se puede realizar manualmente o bien de forma mecánica, con una batidora eléctrica o con una amasadora de brazos.

Con las manos

Para hacer mezclas con las manos es necesario seguir una serie de pasos que se enumeran a continuación:

- Se dispone la harina en la mesa de trabajo, toda junta, y en el centro se abre un hueco, quedando en forma de volcán.
- En dicho hueco se disponen los elementos líquidos, sin romper el cerco de harina, para que no puedan esparcirse los líquidos.
- Se recoge harina del interior del hueco y se va mezclando con la parte líquida en un movimiento circular, hasta completar la mezcla.
- Una vez realizada la mezcla, se extiende la masa y se dobla sobre sí misma con ambas manos y haciendo presión, repitiendo la operación hasta conseguir una masa homogénea y fina.

Con batidora eléctrica

Explicada anteriormente, no solo se utiliza para batir, sino también para amasar, gracias a los accesorios de la pala y la espiral.

 Recuerde

> ▎ La espiral sirve para amasar con gran energía, haciendo presión en las masas hacia abajo.
> ▎ La pala se utiliza para mezclar productos.

Con amasadora de brazos

Se utiliza para amasar harinas con líquidos, generalmente las conocidas como masas con levadura. Su funcionamiento es similar al trabajo manual, simulando el movimiento de los brazos del operario. Se caracteriza por airear la masa, oxigenándola sin fatigarla ni recalentarla. Deja una masa más refinada.

Además, está fabricada en acero inoxidable, lo que hace que las masas no sufran alteraciones en ningún momento.

Para evitar accidentes laborales, una buena parte de las amasadoras tiene acoplado un sistema protector de seguridad que consiste en una rejilla que cubre la cuba y los brazos mecánicos; si es levantada para operar en el interior de la cuba, la máquina se para automáticamente.

Toda maquinaria deberá cumplir con las normativas de seguridad, siendo común la dotación de dispositivos de seguridad que eviten atrapamientos.

3.6. Incorporar

Incorporar ingredientes es una secuencia que se lleva a cabo para realizar una tarea posterior, como el amasado. Por tanto, se puede interpretar el término incorporar como:

- Agregar, unir algo a otra cosa para que haga un todo con ella.
- Introducir o añadir un producto a otro para que se combinen y formen una mezcla compacta.

3.7. Tamizar

El tamizado es una operación de obligado cumplimiento en la pastelería que se puede entender como:

- Acción de pasar un producto por un tamiz o colador para eliminar grumos y retener impurezas.
- Esta operación se realiza en pastelería y panadería con el objeto de eliminar cualquier impureza o residuo de la harina u otro producto cualquiera.
- Los tamices que se encuentran en el mercado suelen estar fabricados en acero inoxidable.

El tamizado de la harina facilitará su posterior asimilación y mezclado evitando la aparición de grumos.

Recuerde

Para evitar accidentes laborales, las amasadoras tienen acoplado un sistema protector de seguridad, que consiste en una rejilla que cubre la cuba y los brazos mecánicos; si es levantada para operar en el interior de la cuba se para automáticamente la máquina.

3.8. Cocer

Según el Diccionario de la Real Academia Española, cocer es:

Hacer comestible un alimento crudo sometiéndolo a ebullición o a la acción del vapor.

Por tanto, cocer es convertir un alimento crudo en comestible exponiendo el mismo a la acción del calor sumergido en un medio líquido.

 Nota

Es posible cocer los alimentos en agua, salsa, un fondo, leche, etcétera.

La técnica de cocción de los alimentos puede realizarse:

- **Hervir:** al sumergir los alimentos en agua hirviendo o en caldos en punto de ebullición, durante el tiempo necesario para que estos se ablanden y sean comestibles.
- **Escaldar:** cuando se da un hervor rápido o se sumerge por unos segundos un alimento en agua hirviendo. Por ejemplo, los tomates se escaldan para poder retirarles la piel.
- **Pochar o rehogar:** si el producto se cocina a fuego lento, sin que hierva el medio líquido de cocción.
- **Al vapor:** exponiendo el alimento a la acción del vapor para cocer. La técnica consiste en colocar un recipiente con agua en ebullición y encima de este se coloca otro recipiente con el fondo agujereado que contiene el alimento a cocer.

Nota

La cocción al vapor se usa mucho para conservar los nutrientes y vitaminas de los alimentos, como las verduras.

3.9. Freír

Según el Diccionario de la Real Academia Española, freír es:

Hacer que un alimento crudo llegue a estar en disposición de poderse comer, teniéndolo el tiempo necesario en aceite o grasa hirviendo.

En España, cuando hablamos de freír lo asociamos al aceite como grasa que se utiliza de forma generalizada, especialmente el aceite de oliva. El arte de freír incorpora mucha sabiduría, dependiendo de los preparados y otras características que pretendamos conseguir con la fritura.

Consejos generales para freír

- Los alimentos deben estar secos.
- Deben tener un tamaño apropiado, evitando las dimensiones excesivas que impidan que la temperatura alcance el centro de la pieza.
- También freír tiene sus trucos: el exceso de aceite de un alimento frito puede corregirse con papel absorbente.
- No debe taparse el alimento mientras se fríe o tras ser frito.

La calidad del aceite, así como su temperatura son dos premisas a considerar para llevar a cabo una correcta fritura.

Ejemplo

Algunos de los productos pasteleros más identificativos de esta técnica son la fritura de masas fermentadas, como los buñuelos, rosquillas, etcétera, y otras masas de fritura, como los tradicionales pestiños, empanadillas, rosquillos fritos, etcétera.

4. Técnicas básicas: encamisado y preparación de moldes y latas, pintado de piezas, templado de chocolate, manejo del rodillo, espátula, manga pastelera y cartucho o *cornet*

Son muchas las técnicas que debemos dominar en el ámbito de la pastelería, pero no todas son imprescindibles. Así, en este epígrafe se van a describir las técnicas básicas que debemos tener siempre presentes, dominándolas, demostrando destreza en su ejecución.

4.1. Encamisado y preparación de moldes y latas

Preparar una elaboración pastelera siempre implica la preparación del recipiente donde se vaya a realizar la cocción, sometiendo a calor o frío la materia prima. Para ello, dos técnicas a tener en cuenta son el encamisado de los moldes y la preparación de las latas.

Encamisado de moldes

Según el Diccionario gastronómico, la técnica de encamisar consiste en:

La acción de forrar el interior de un molde, con el fin de que, al desmoldar, el relleno o el alimento que se encuentre en el interior quede encamisado. También se usa para envolver o meter un alimento dentro de una masa previamente preparada para proceder a su cocción.

Los moldes de pastelería tienen la función de dar forma a los preparados durante su elaboración, bien sea en caliente, como los bizcochos, o en frío, como la *bavaroise.* El encamisado es fundamental en ellos, pues evitará que la preparación se adhiera a las paredes del molde, facilitando el desmoldado.

 Definición

Bavaroise
Espuma o crema dulce y fría, que se cuaja con las colas de pescado y en frío.

El encamisado del molde se puede realizar con diferentes materias primas que van desde el caramelo, para la elaboración de preparaciones a base de huevo al baño maría, como flanes o tocinos de cielo, hasta masas hojaldradas, harinas y grasas, azúcar o, simplemente, con papel sulfurizado.

En la actualidad se han incorporado al mundo de la cocina nuevos materiales que han supuesto toda una innovación. Cabe destacar los moldes de silicona flexibles y antiadherentes. Estos moldes no necesitan engrasarse antes de su utilización y su flexibilidad garantiza una rápida y fácil extracción, por lo que el encamisado simplemente se utilizará para elaboraciones que necesiten de este complemento en la presentación final.

Los moldes de silicona facilitan tanto el desmoldado de las piezas como su posterior limpieza y desinfección frente a los moldes rígidos.

 Nota

Los moldes más utilizados en pastelería son:

- De pan inglés: rectangular.
- De *plum cake:* liso y rizado, fijo y desmontable.
- Savarín.
- De pizza.
- Cucurucho.
- Tartaleta.
- Tarta acero.
- Flaneras o cubilete de flan.

Preparación de latas

Las latas son un accesorio fundamental para el trabajo de la pastelería y su conservación y preparación es primordial y de vital importancia.

Las bandejas o latas de hierro, después de utilizarlas, se raspan con una espátula triangular con cuidado de no rallarlas y se limpian con una bayeta seca. Cuando se vuelven a utilizar en muchas elaboraciones han de ser engrasadas. En la actualidad, los materiales con los que están construidas estas latas proporcionan un trabajo más cómodo al trabajador y tienen medidas Gastronorm (GN). Construidas con materiales antiadherentes, evitan tener que engrasar las bandejas. Algunas de ellas son:

- Bandejas de acero pavonado.
- Bandejas de aluminio lisas, con bordes y perforadas.
- Bandejas de aluminio lisas, con bordes y perforadas, con recubrimiento antiadherente de silicona de caucho.
- Soportes acanalados de cocción con perfiles y marcos de acero.

 Nota

Es conveniente no mojar las latas, porque se oxidan.

 Sabía que...

El uso de soportes acanalados es ideal para la cocción de *baguettes,* bollería, dar forma a las tejas, etcétera.

Bandeja acanalada perforada de acero inoxidable.

4.2. Pintado de piezas (brillos, glaseados, baños, etcétera)

Todas las elaboraciones que se relacionan a continuación se utilizan como cubiertas y rellenos en diferentes elaboraciones de pastelería, tales como tartas, pasteles, pastas, galletas, semifríos, bollería y prácticamente todas las elaboraciones que van cubiertas.

- **Glasa al agua:** se utiliza para cubrir pastas o bollería, como rosquillas.
- **Glasa real:** tiene la misma aplicación que la anterior, aunque se utiliza para cubrir pastas. Además de cubrir piezas, se utiliza para decorar con *cornet* y pegar piezas de pastillaje.
- **Merengue italiano:** se emplea entre otras cosas para cubrir elaboraciones de tartas, pasteles y postres.
- **Merengue suizo:** este merengue se utiliza en la cubierta de la tortilla alaska, *soufflés,* en la elaboración de bizcochos, etcétera.
- **Panada:** es una elaboración con aplicaciones idénticas a la glasa al agua. La diferencia está en la elaboración de la fórmula.
- **Fondant:** como cubierta de pasteles, pastas, galletas y tartas. Se emplea además como relleno de bombones y turrones.
- **Praliné:** se utiliza como relleno y como cubierta rebajándolo con nata montada, chocolate, etcétera.
- **Cubierta para bombones:** empleada para bañar bombones en general.
- **Baño de chocolate:** empleado para bañar bombas heladas, tartas y pasteles.
- **Baño de cobertura negra:** se utiliza en cubiertas de pasteles y tartas.
- **Baño de cobertura con leche:** se utiliza en cubiertas de pasteles y tartas. Se utiliza igual al baño de cobertura negra.
- **Baño de cobertura blanca:** se utiliza principalmente en el baño de tartas, brazo de gitano y piezas en general.
- **Gelatina de manzana:** se usa para abrillantar tartas, pasteles, postres, y como base de otras gelatinas.
- **Brillo para frutas:** se utiliza para terminados de tartas y pasteles de fruta.
- **Baño inglés:** se utiliza para abrillantar tartas, pasteles y rosquillas. A estas últimas elaboraciones se les da un golpe de horno fuerte, un breve periodo de tiempo, para que sequen rápido.
- **Crema de mantequilla al huevo:** se emplea en cubiertas de tartas y pasteles.

- **Barniz misterio:** se utiliza en mazapanes recién salidos del horno. Se utiliza este tipo de azúcar para que no se reseque demasiado la superficie del mazapán.

4.3. Templado del chocolate

El atemperado del chocolate es una fase muy importante para la elaboración de productos como los bombones.

 Importante

Una mala conservación del chocolate o un mal proceso de atemperado pueden dar como resultado un deterioro de su aspecto, por lo que pierde calidad la fase visual del producto.

La cobertura es apreciada por su dureza y brillo. El chocolate de cobertura contiene varios componentes: azúcar, cacao y manteca de cacao, estando formado este último por diferentes cristales de grasa. Todos estos cristales tienen distinto punto de fusión y cristalización. Entonces, una vez fundido el chocolate, todos los componentes se disocian entre sí, dejando el chocolate con vetas y manchas como resultado de la exudación de estos cristales, bien por una mala conservación o por un mal atemperado. Para evitar esto hay hacer una subida y bajada de la temperatura de la cobertura, logrando así una correcta cristalización.

Técnica de templado

Es importante que, durante la fase de templado del chocolate, la temperatura ambiente esté en torno a 20-23 °C, con una humedad relativa inferior al 45 %. El utillaje y recipientes deben estar limpios y secos, ya que cualquier residuo o una mínima cantidad de agua pueden echar a perder todo el trabajo de templado.

Fundido de la cobertura

Para obtener una cristalización perfecta de la cobertura se colocan las pastillas de chocolate en el atemperador y se funden, manteniendo la temperatura hasta los 50 °C aprox., como mínimo durante 4 horas, removiendo con la espátula. Una cobertura fundida con demasiada rapidez a temperatura excesiva no alcanzará su punto de descristalización, lo cual producirá un espesamiento demasiado rápido y un brillo mate.

Atemperador de chocolate de capacidad baja

 Nota

Algunos maestros chocolateros recomiendan dejar fundir la cobertura hasta 24 horas.

 Nota

El fundido del chocolate, aunque es recomendable realizarlo en la atemperadora, también es posible realizarlo a través de otros métodos, como en el microondas y al baño maría. En estos casos, hay que extremar la precaución y controlar mucho más el proceso.

Enfriado

Para enfriarlo se echan los 2/3 del chocolate fundido sobre una mesa de mármol, que debe estar a una temperatura baja, de entre 19 y 20 ℃. El sobrante se mantendrá caliente al baño maría o atemperador. Una vez sobre el mármol se trabaja el chocolate estirándolo y recogiéndolo sobre la mesa, controlando la temperatura.

 Consejo

Nunca trate de enfriar la mesa de mármol. Si la mesa está demasiado fría tendrá problemas de cristalización y humedad que puede condensarse.

Una vez alcanzada una temperatura de entre 28 y 29 ℃, inmediatamente se interrumpe el enfriamiento, agregándolo al chocolate que se tiene caliente.

Mantenimiento de la temperatura

Se lleva a una temperatura de entre 31 a 33 ℃. El chocolate está listo para su utilización. Esta temperatura debe ser mantenida hasta finalizar el trabajo.

Cobertura	Cobertura negra 70 %	Cobertura con leche	Cobertura blanca
Fundido	47 ℃ a 50 ℃	43 ℃ a 45 ℃	39 ℃ a 41 ℃
Enfriado	28 ℃ a 29 ℃	26 ℃ a 28 ℃	25 ℃ a 26 ℃
Mantenimiento de la temperatura	31 ℃ a 32 ℃	29 ℃ a 31 ℃	28 ℃ a 29 ℃

Esquema de cristalización de la cobertura. Cuadro de temperaturas.

Consejo

Sugerencias para lograr un atemperado óptimo:

▎ No calentar a más de 50 ºC, ni a fuego directo.
▎ Evitar la penetración de humedad (agua o vapor de agua).
▎ En época de calor, llevar la bandeja con los productos bañados a la refrigeración por unos minutos hasta de que se endurezcan.
▎ Utilizar productos de marca reconocida que no contengan sustitutos de la manteca de cacao.
▎ Verificar que en lugar de trabajo la temperatura ambiente no sea mayor de 25 ºC. La óptima oscila alrededor de los 20 ºC, con una humedad relativa de 40/50 %.
▎ No bañar en lugares cuya temperatura sobrepase los 30 ºC, ya que el exceso de calor destempla el chocolate.
▎ El chocolate no debe trabajarse con un batidor, pues podría tomar aire y espesarse.
▎ Aunque se necesite usar poco chocolate, es mejor templar siempre una buena cantidad, pues el tiempo de operación no variará mucho y, en cambio, se evitará que se bloquee con rapidez.

Otras recomendaciones

Las buenas prácticas de conservación también son críticas para evitar la aparición del veteado o exudación de la manteca de cacao o bien para resguardar la calidad general y el buen estado del chocolate.

▎ El chocolate es susceptible a la temperatura, aire, luz, humedad y tiempo, y absorbe olores del ambiente. Debería almacenarse en un lugar fresco, seco, libre olores externos y con la aireación y la humedad ambiente adecuadas.
▎ Cuidar el grado de humedad que existe donde se almacenan las coberturas y los productos terminados, pues el exceso de humedad de los mismos funde los azúcares y forma una capa blanquecina.
▎ Mantener el chocolate en su embalaje cerrado, porque al exponerlo al aire o a la luz se oxidará más rápidamente y se deteriorará su sabor.

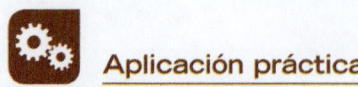

Aplicación práctica

Las épocas calurosas como el verano no son las más idóneas para la fabricación de bombones. Razone esta cuestión.

SOLUCIÓN

El exceso de calor destempla el chocolate. Si se tiene en cuenta la temperatura idónea para trabajar con los diferentes chocolates según el cuadro de temperaturas estudiado, se puede observar que dichas temperaturas están entorno a 28 °C y 32 °C. La temperatura ambiente ideal es de 20 °C a 25 °C. En épocas estivales estas temperaturas se rebasan con facilidad, por lo que se desaconsejan los trabajos con chocolate.

4.4. Manejo del rodillo

El rodillo es un utensilio que se utiliza para estirar masas de pastelería y panadería. Los hay de diferentes modelos. Son de forma cilíndrica y longitud variable: con o sin mangos, de madera, de acero inoxidable, de polietileno, de plástico, de mangos giratorios, con grabados que se marcan en la pasta al hacer presión sobre ellos en la masa, etcétera.

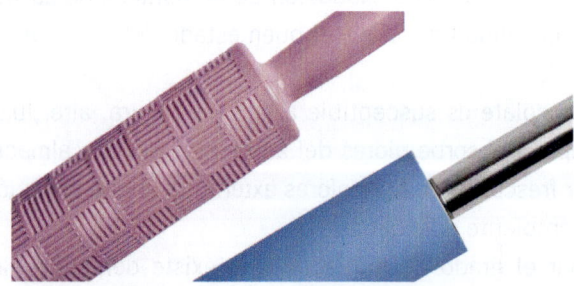

Diferentes modelos rodillos, liso y estriado que marcará la forma superficie de la masa.

También existen otros tipos de rodillos, tales como los utilizados para cortar *croissants* o rombos en masas hojaldradas o los estriados. Además hay rodillos de pinchar hojaldre, para que suba uniformemente, y de cuchillo circular para cortar tiras iguales.

Se utilizan presionando con ambas manos, sobre los mangos del rodillo o sobre los extremos del mismo en el caso de carecer de ellos. La fuerza ha de ser igual con ambas manos para que la masa se extienda uniformemente, sin que quede con diferente grosor en su conjunto.

Trabajo con rodillo

 **Importante**

Hay que ser extremadamente cuidadoso con la higiene del rodillo, puesto que la humedad podría provocar la proliferación de hongos en su superficie.

4.5. Manejo de la espátula

Las espátulas se encuadran dentro del utillaje de pastelería. Según su uso existen diferentes tipos:

- La más usual es una herramienta que consiste en una lámina plana de metal alargada con agarradera o con un mango similar al de un cuchillo. Se utiliza para alisar y extender la superficie de tartas y pasteles que van cubiertas o rellenas de cremas y coberturas. Están hechas de acero inoxidable y pueden ser lisas, acodadas y dentadas, utilizándose estas últimas para realizar decoraciones. Aunque tienen diferentes formas, su aplicación es la misma. Se emplean unas u otras en función de la comodidad que presenten para trabajar.

- Otro tipo de espátula, con las mismas características de la anterior, pero con forma triangular, se utiliza para rascar la superficie de las latas de pastelería o panadería o bien para dar la vuelta a los géneros que se hacen en la plancha, como los sándwiches. Suele tener mucho uso en cocina. Actualmente existen espátulas de estas características para la plancha construidas en siliconas rígidas que aguantan temperaturas muy altas.

- Espátulas de goma flexible o lenguas: se utilizan en la pastelería para rebañar y aprovechar los géneros que quedan adheridos en los recipientes adaptándose con facilidad a las paredes del mismo.

- Espátula de exoglás o polietileno: ideales para remover y evitar que se agarren las cremas durante la cocción o para mezclar la cobertura durante el atemperado.

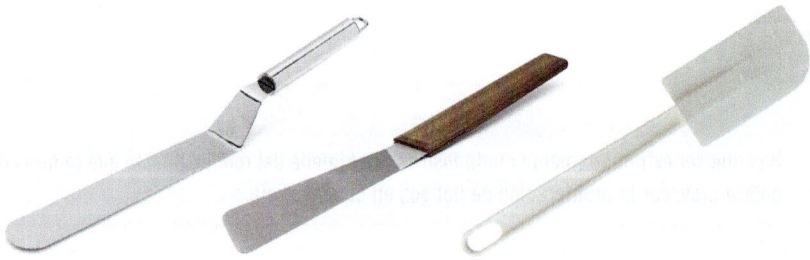

Distintos modelos de espátulas y lengua.

4.6. Manejo de manga pastelera y cartucho o *cornet*

Uno de las técnicas más utilizadas en pastelería tiene que ver con el uso o manejo de la manga pastelera y el *cornet*.

Manga pastelera

La manga pastelera se encuadra dentro del utillaje de pastelería. Es un utensilio de forma cónica y triangular que se llena con algún preparado por la abertura de la parte ancha, cerrando y presionando para hacer salir el relleno por la parte estrecha de la misma, en la que habitualmente se acopla otro utensilio que se denomina boquilla.

 Nota

Las boquillas pueden ser cromadas, de acero inoxidable, lata o plástico, y tienen forma cónica. Deben insertarse por el extremo mayor antes de introducir cualquier género, por lo que la base de la boquilla debe ser lo suficientemente grande como para no salirse por el extremo menor de la manga.

Las mangas están fabricadas en tela, silicona y plástico. Las primeras son resistentes, pero tienen una limpieza complicada, además de adquirir olores con facilidad. Las de silicona son fáciles de higienizar, porque se pueden meter incluso en el lavavajillas. Las de plástico suelen ser de un solo uso.

Utilidad

La utilidad que se hace de la manga pastelera es la siguiente:

- Escudillar.
- Decorar.
- Rellenar.

Escudillar

Es el proceso de trabajar una masa, coagulada o semilíquida, con una manga pastelera para formar piezas o figuras. Se escudilla cuando tiramos con manga presionando sobre ella para verter el batido de un bizcocho sobre una bandeja de cocción, con el objetivo de realizar una plancha de bizcocho en el horno. Este término es aplicable a muchas otras elaboraciones.

Decorar

Acción de embellecer una elaboración de pastelería por medio de manga pastelera con boquillas diversas. Algunos de los preparados con los que se decora suelen ser trufa, merengue y nata montada. También se decora con *cornet.*

Rellenar

Acción que se utiliza para llenar el interior de ciertas elaboraciones o masas con diferentes cremas, *mousses,* merengues, mermeladas, etcétera.

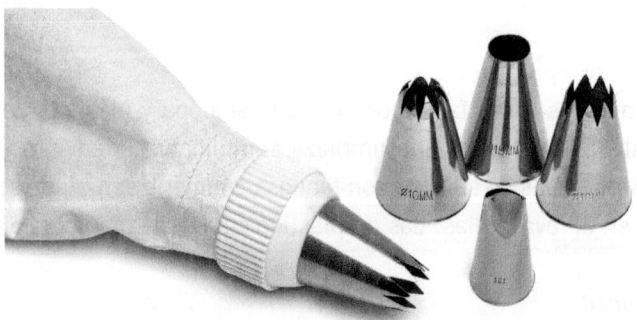

Atendiendo al proceso de elaboraióin, se usará una boquilla determinada.

Cartucho o *cornet*

Consiste en un cucurucho de papel al que una vez rellenado se le perfora la punta para producir un hilo de grosor variable para decorar.

 Nota

El *cornet* es una de las diferentes técnicas de decoración totalmente artesanal, tanto en cocina como en pastelería, y sus únicos límites son los del propio trabajador, su imaginación, habilidad y paciencia.

El material base es el papel parafinado o satinado, resistente a la humedad y flexible.

El relleno puede ser variado: glasa, chocolate, mantequilla y cremas. Hay que procurar que la consistencia del relleno permita tener un perfecto control del mismo. El operario debe ser dueño total de la ejecución presionando el *cornet* a su gusto. Lo importante es que el relleno sea consistente y que no tenga grumos que obstruyan el orificio de salida.

Para cerrar el *cornet* conviene hacerlo dando dobleces por la parte ancha de forma que no se escape el relleno.

Elaboración del cornet

- Partir de un rectángulo y cortarlo por la mitad.
- Sujetar el triángulo por el lado más largo, por la parte opuesta al de la mano de sujeción.

I Con la otra mano sujetar la punta que cuelga y enrollar entorno a la primera mano formando un cono. Para conseguir un cono perfecto, estirar el extremo más corto y doblar hacia adentro para sujetar el *cornet*.

I Rellenarlo hasta la mitad aproximadamente.

I Cerrarlo presionando diametralmente y doblando los lados hacia el centro, sin que el relleno rebose.

I Cortar la punta con unas tijeras con el grosor apropiado.

I Sujetar el *cornet* con las dos manos, una controla la presión y la otra el pulso.

Método de cierre de un cornet

I No llenar más de la mitad del *cornet* para evitar que rebose el contenido.

I Apretar diametralmente hasta juntar los extremos.

I Doblar los bordes de la derecha y de la izquierda hacia el centro.

I Hacer lo mismo hacia el centro doblando cuantas veces sea necesario hasta obtener el *cornet* totalmente cerrado.

I Un *cornet* bien cerrado permitirá trabajar bien sin que se salga el contenido.

Proceso elaboración cornet

Aplicación práctica

Usted tiene que rellenar y decorar una tarta de bizcocho. ¿Qué operaciones de las más usuales en pastelería va a utilizar?

SOLUCIÓN

- Se va utilizar la manga pastelera para escudillar con boquilla lisa el relleno que va a llevar la tarta.
- Se va a utilizar la espátula acodada para alisar la superficie y los laterales de la tarta.
- Se va utilizar la manga pastelera para decorar con boquilla rizada el lateral de la tarta.
- Se utilizará, por último, el cornet para poner sobre la superficie de la tarta los detalles y relieves.

5. Resumen

Para el trabajador de una pastelería es fundamental el conocimiento de un léxico técnico. Es el vocabulario que un buen profesional siempre debe tener presente, pues su uso hará que el trabajo fluya sin problemas y no tengamos errores en la puesta en práctica de los procesos.

De igual forma, es esencial conocer el manejo de las diferentes técnicas para amasar, batir, mezclar, tamizar, etcétera, ya que de ello depende un uso correcto de ellas y el logro de una preparación excelente. De entre ellas, es elemental el templado del chocolate, con sus distintas fases de fundido, concheado y enfriado.

Asimismo, se debe tener un dominio de los utensilios que facilitan la elaboración de las preparaciones de acuerdo con dichas técnicas, conociendo los materiales disponibles en el mercado y dominando la preparación de latas y moldes, el manejo del rodillo y de la espátula y los trabajos con manga pastelera y *cornet,* entre otros.

Ejercicios de repaso y autoevaluación

1. ¿Qué significa batir?

    a. Cocer a temperaturas muy altas.
    b. Cocer a temperaturas muy bajas.
    c. Mezclar ingredientes a determinada temperatura.
    d. Revolver alguna sustancia para que se condense o trabe, o para que se licue o disuelva.

2. La espiral de una batidora se utiliza para...

    a. ... airear la masa.
    b. ... cortar la masa en triángulos.
    c. ... decorar la masa.
    d. ... amasar con gran energía presionando la masa hacia abajo.

3. ¿Para qué se utiliza la amasadora de brazos?

    a. Para amasar harinas de fuerza.
    b. Para amasar harinas con líquidos, simulando el movimiento de los brazos del operario.
    c. Montar claras.
    d. Laminar las masas y que queden finas.

4. La función de tamizar se realiza para...

    a. ... eliminar grumos y retener impurezas.
    b. ... dar consistencia al producto tamizado.
    c. ... no es importante esta tarea en la pastelería-repostería.
    d. ... que el hojaldre, al cocerlo, sea más crujiente.

5. ¿Cuál es el uso de las latas de pastelería?

    a. Fermentar las masas.
    b. Se emplea como soporte en las elaboraciones que van al horno.
    c. Se emplea como soporte en las elaboraciones que van al refrigerador.
    d. Con ellas se elaboran los semifríos.

6. Los moldes de pastelería tiene como función...

    a. ... dar elasticidad y sabor al preparado.
    b. ... elaborar en frío.
    c. ... dar forma a los preparados durante su elaboración, bien sea en caliente o en frío.
    d. ... cocer a temperaturas de 180 ºC.

7. ¿Qué es un cornet en la pastelería?

    a. Un aditivo alimentario.
    b. Un cucurucho de papel para decorar.
    c. Un generador de frío.
    d. Un perol de amasado.

Capítulo 3

Elaboración de masas y pastas en pastelería y repostería

Contenido

1. Introducción

Los productos de pastelería y repostería están fundamentados en la utilización de harinas, aceites o grasas, agua, con o sin levadura, complementados con aditivos y otros alimentos que con un tratamiento adecuado nos permitirán obtener la infinidad de productos que nos ofrece el mercado.

Son muchas las elaboraciones realizadas en pastelería, pero todas ellas se pueden agrupar en pastelería y repostería dulce, y pastelería y repostería salada.

Pueden establecerse criterios de distinción, siendo la principal la realizada a partir de sus ingredientes.

Otra distinción que se mostrará es la de los distintos procesos de elaboración, enumerando las principales anomalías, causas y posibles correcciones.

2. Características distintivas de los distintos tipos de masas

Teniendo siempre en cuenta lo establecido en el Real Decreto 496/2010, de 30 de abril, por el que se aprueba la norma de calidad para los productos de confitería, pastelería, bollería y repostería, se van a enumerar las distintas masas, teniendo así presentes sus características distintivas.

2.1. Masas de hojaldre

Son masas formadas con grasas, harinas y agua fundamentalmente, adicionadas con sal o no.

Su característica distintiva viene dada por el laminado que se produce durante el amasado y la posterior cocción en horno seco.

Hojaldre

Nota

La formación de capas o láminas se produce por la evaporación del agua.

Esta masa se emplea para la elaboración de cocas, bandas de crema, bandas de fruta, besamela grande, milhojas, palmeras, rellenos, rusos, alfonsinos y pastas dulces y saladas, canutos, cuernos, tortellas, lazos, duquesas, pastel de manzana, garrotes, hojas, etcétera.

2.2. Masas azucaradas

Son masas realizadas a partir de harina, grasa y azúcares principalmente. Su característica distintiva viene dada por su textura terrosa, seca y compacta, muy apropiada para realización de bases de tartas con rellenos líquidos o semilíquidos, o pequeñas pastas de bocado.

Nota

Las masas azucaradas pueden ser adicionadas por otros muchos ingredientes como son frutos secos, frutas escarchadas, etcétera.

Las bases podrán ser adicionadas de múltiples ingredientes, así como complementarse con múltiples rellenos.

Con las masas azucaradas se elaboran pastas secas o de té, pasta sable, pasta brisa, pasta quemada, pasta flora, tortas, mantecados, tejas, lenguas de gato, cigarrillos, rosquillas de Santa Clara, etcétera.

Tejas de chocolate y almendra

2.3. Masas escaldadas

Se caracterizan por tener una previa cocción antes de ser sometidas al tratamiento térmico. Están realizadas principalmente con harina, sal, agua, leche, grasas.

Nota

En algunos casos, las masas escaldadas también llevan bebidas alcohólicas.

Su característica distintiva viene dada por presentar una textura seca, hueca y ligera, siendo utilizados principalmente con rellenos.

Masa escaldada

Algunas de las elaboraciones realizadas con masas escaldadas son las lionesas, palos, bocados de dama, roscos rellenos, etcétera.

Profiteroles

2.4. Masas batidas

Son masas de gran volumen, tiernas y suaves, elaboradas bajo el sometimiento de un batido, fundamentalmente con huevos, azúcares, harinas o almidones.

La esponjosidad del batido se aumentará mediante el blanqueado previo de los huevos y el azúcar de la fórmula.

Su característica distintiva viene dada por presentar una textura aireada, esponjosa y mullida.

Con esta masa se realizan bizcochos, melindros, soletillas, mantecadas, magdalenas, bizcochos de frutas, genovesas, bizcochos de Viena, capuchinos, biscotelas, etcétera.

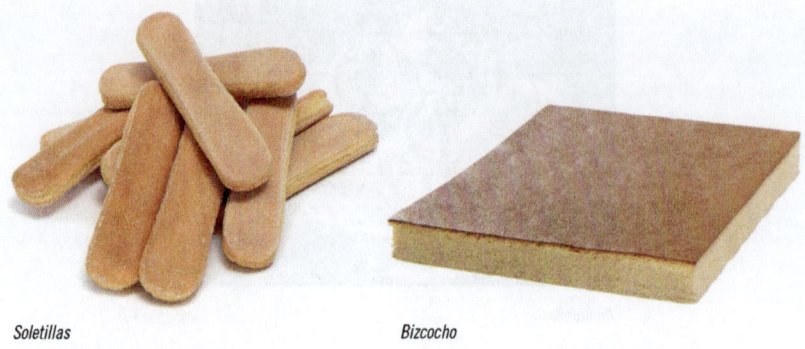

Soletillas   *Bizcocho*

2.5. Masas de repostería

Son masas realizadas a partir de las anteriores, preparadas con rellenos, guarniciones, etcétera. Presentan formas y tamaños diversos.

 Nota

Las masas de repostería no tienen una característica diferenciadora por agrupar a un sin fin de preparaciones. Eso sí, deben presentar un aspecto apetitoso y respetar el proceso y características de la masa base utilizada.

Algunas de estas preparaciones son los tocinos de cielo, almendrados, masas de mazapán, cocadas, guirlaches, panelletas, alfajores, caramelos, jarabes, mermeladas, pralinés, etcétera.

Panellet

Cocada

3. Principales tipos de masa y su formulación

Se han enunciado los tipos de masas más representativas en pastelería y repostería. Se van a presentar ahora algunas de las recetas más características y su formulación.

3.1. Masas de hojaldre (tipos). Principales elaboraciones: milhojas, *vol au vents*, cañas, palmeras, cornetes, herraduras y otras

Existen fundamentalmente 5 tipos de hojaldre. Con ellos, y según el corte que les apliquemos, conseguiremos las distintas elaboraciones con dicha masa. Por ello, se van a formular y describir estos tipos, para continuar describiendo los cortes y formas más características que se les dan.

 Nota

La elección de un tipo de hojaldre u otro a la hora de elaborar piezas va a repercutir de forma importante en algunos aspectos como la calidad de estas, la economía y la rapidez para obtener hojaldre.

Las piezas confeccionadas con hojaldre de mantequilla tienen más calidad desde el punto de vista gastronómico que las elaboradas con margarinas. Su sabor es más fino y agradable, sin embargo el producto se encarece desde el punto de vista económico, al ser un producto (la mantequilla) más caro que el resto de grasas que se utilizan en la elaboración del hojaldre.

Semejantes o parecidos a los hojaldres, se realiza otro tipo de masa denominada bollería danesa, que tiene la particularidad de elaborarse como el hojaldre, es decir, haciendo una masa y laminándola con grasa, pero, aunque el proceso de elaboración es similar, son masas diferentes: la bollería danesa es una masa fermentada y con ella se elaboran piezas con identidad propia; a diferencia del hojaldre tiene que pasar un proceso de fermentación.

Definición

Bollería danesa
Especialidad de origen danés que consiste en una masa fermentada y hojaldrada y a partir de la cual se realizan elaboraciones de un sabor exquisito y unos terminados atractivos y muy vistosos. Algunas de las piezas de bollería danesa son: narciso, búho, fajo, cresta, etcétera.

Hojaldre de mantequilla

Este tipo de hojaldre realizado con mantequilla se puede utilizar en cualquier tipo de pieza y es el que más calidad les va a dar desde el punto de vista gastronómico. En cambio, encarece el producto, puesto que la mantequilla es más cara que el resto de grasas utilizadas en este proceso. Tiene la particularidad de ser el más difícil de hacer, porque el punto de fusión de la mantequilla es bajo y se tiene que controlar la temperatura. Lo ideal es trabajarlo con laminadora, que acorta los tiempos de elaboración.

Receta

Hojaldre de mantequilla

Ingredientes

- Harina de media fuerza 1200 g
- Mantequilla 1000 g
- Sal 15 g
- Agua 400 ml
- Vinagre 25 ml

Preparación

1. Poner en la batidora con el gancho la harina de media fuerza, la sal y el vinagre y, por último, poner el agua.
2. Amasar a marcha lenta hasta que se despegue del perol de la batidora.
3. Heñir la masa y hacer un corte en cruz, estirar con el rodillo, dejando mayor grosor en el centro.
4. Poner la mantequilla en el centro de la masa y cerrar las puntas envolviendo bien para que quede cerrada.
5. Espolvorear de harina la masa y la mesa de trabajo y empezar a aplastar la masa con el rodillo.

Vueltas

- A este hojaldre se le dan cinco vueltas sencillas (tres pliegues).
- Una vez terminada la 5.ª vuelta envolver en papel film para evitar el acortezamiento.

Hojaldre básico

Este tipo de hojaldre es un hojaldre económico si se utilizan margarinas, tiene una particularidad en cuanto al sabor y es que la manteca de cerdo le confiere un gusto muy peculiar. Además suele ser un hojaldre muy crujiente.

Receta

Hojaldre básico

Ingredientes

- Harina de fuerza 1000 g
- Manteca de cerdo 80 g
- Agua 650 ml
- Sal 20 g
- Margarina o mantequilla 900 g

Preparación

1. Poner en la batidora con el gancho, todos los ingredientes menos la mantequilla.
2. Heñir la masa y hacer un corte en cruz, estirar con el rodillo en forma de estrella, dejando mayor grosor en el centro.
3. Poner la mantequilla en el centro de esta masa y cerrar las puntas envolviendo bien para que quede cerrada.
4. Espolvorear de harina la masa y la mesa de trabajo, empezar a aplastar la masa con el rodillo.

Vueltas

- A este hojaldre se le dan dos vueltas sencillas (tres pliegues) y dos vueltas dobles, también llamadas de libro. Las vueltas deben alternarse.
- Reposar cada vez que se considere necesario.
- Una vez terminada la 5.ª vuelta envolver en papel film para evitar el acortezamiento.

Hojaldre invertido

Este tipo de hojaldre, debido al proceso inverso que tiene en su elaboración, es parecido al hojaldre rápido, dando como resultado piezas sin demasiado volumen que se desmenuzan con mucha facilidad en la boca.

El hojaldre invertido se utiliza para pastelillos tanto dulces como salados.

Receta

Hojaldre invertido

<u>Ingredientes</u>

- Harina de fuerza 750 g
- Manteca de cerdo 50 g
- Agua 400 ml
- Sal 20 g
- Harina de fuerza 500 g
- Margarina o mantequilla 1000 g

<u>Preparación</u>

1. Amasar por un lado 500 g de harina con la mantequilla en la batidora con el gancho y reservar en la mesa de trabajo espolvoreada de harina.
2. El resto de ingredientes en la batidora en el siguiente orden: agua, sal, manteca de cerdo y, por último, harina de fuerza tamizada.
3. Extender la primera masa harina/mantequilla, a 2 cm de grosor y reposar.
4. Extender la 2.ª masa, con menor superficie que la primera y superponerla sobre ella, de forma que al doblarla quede cubierta la 2.ª masa.
5. Espolvorear de harina la masa y la superficie de trabajo, empezar a aplastar la masa con el rodillo.

<u>Vueltas</u>

- A este hojaldre se le da una vuelta sencilla seguida de dos vueltas dobles y por último una sencilla.
- Al llevar la grasa por fuera se reposa y enfría el hojaldre en cada vuelta.
- La temperatura de cocción es similar a los demás hojaldres 220 ºC.

Hojaldre compacto

Es un hojaldre con una consistencia fuerte que se utiliza en elaboraciones tradicionales como hojaldres borrachos, palmeras y *vol au vent*.

Receta

Hojaldre compacto

<u>Ingredientes</u>

- Harina de fuerza 800 g
- Margarina 800 g
- Harina de media fuerza 200 g
- Sal 10 g
- Agua 450 ml
- Yemas 100 g

<u>Preparación</u>

1. Amasar la harina de media fuerza y la margarina en la batidora con el gancho, reservar en la mesa de trabajo espolvoreada de harina.
2. Amasar el resto de ingredientes en la batidora en el siguiente orden: agua, sal, yemas y, por último, harina de fuerza tamizada, hasta que se despegue del perol de la batidora.
3. Heñir la masa y hacer un corte en cruz, estirar con el rodillo, dejando mayor grosor en el centro.
4. Poner la margarina en el centro de esta masa y cerrar las puntas envolviendo bien para que quede cerrada.
5. Espolvorear de harina la masa y la superficie de trabajo, empezar a aplastar la masa con el rodillo.

<u>Vueltas</u>

- A este hojaldre se le dan cinco vueltas sencillas (tres pliegues).

 Aplicación práctica

Sabiendo que a este tipo hojaldre (hojaldre compacto) se le dan cinco vueltas sencillas, usted se preguntará cuántas capas de grasa contiene el hojaldre una vez terminado. Ahora tiene la oportunidad de calcularlo.

SOLUCIÓN

Se le dan cinco vueltas sencillas y la cantidad de capas será de:

1.ª vuelta 3 capas de grasa.
2.ª vuelta 9 capas de grasa.
3.ª vuelta 27 capas.
4.ª vuelta 81 capas.
5.º vuelta: 405 láminas de grasa.

Hojaldre rápido

Este tipo de hojaldre se realiza para salir de una situación que requiere rapidez; las piezas que se realizan con él no adquieren demasiado volumen y se desmenuzan con mucha facilidad, lo que hace que sea apropiado para pastelillos salados, forro de moldes y milhojas.

Los recortes del hojaldre que sobran del corte de las piezas se utilizan para la elaboración de tartaletas, barquillas, costrones y planchas o discos para mil hojas, de esta forma se colabora en el aprovechamiento del hojaldre rentabilizándolo totalmente. Para trabajar bien el emplaste de hojaldre es preciso que los ingredientes que intervienen en su elaboración estén a la misma temperatura.

Receta

Hojaldre rápido

Ingredientes

- l Harina de media fuerza 1000 g
- l Mantequilla o margarina 850 g
- l Sal 10 g
- l Agua 500 ml

Preparación

1. Se enfría la mantequilla a una temperatura de 15 ºC aprox.
2. Se amasan todos los ingredientes juntos, evitando que la grasa se funda por completo; es aconsejable que queden trozos de ella, como si fuesen grumos.
3. Espolvorear de harina la masa y la superficie de trabajo, empezar a aplastar la masa con el rodillo.

Vueltas

- l A este hojaldre se le dan tres vueltas dobles (cuatro pliegues).

3.2. Masas azucaradas. Principales elaboraciones: lenguas de gato, tulipas, pastas rizadas de manga, pastas lisas de manga, pastas de corte, pasta brisa salada y dulce, pasta *sablée,* tejas u otros

Las principales elaboraciones con masa azucaradas son:

Lenguas de gato

Preparación caracterizada por su textura crujiente, por lo que su conservación requiere asegurar un ambiente seco, a temperatura ambiente y hermético. Aunque en su receta original la vainilla es el elemento aromático a destacar, pueden ser incorporados otros como la canela, la ralladura de limón, naranja, etc.

 Receta

Lenguas de gato

<u>Ingredientes</u>

- ⌐ Azúcar lustre 200 g
- ⌐ Mantequilla 300 g
- ⌐ Vainilla c/s
- ⌐ Sal 2 g
- ⌐ Huevos 200 g
- ⌐ Harina floja 500 g

<u>Elaboración</u>

1. Empomar la mantequilla con el azúcar lustre y colocar en la batidora con la varilla. Añadir sal y vainilla y a continuación los huevos poco a poco. En último lugar la harina pasada por el tamiz, mezclando lentamente con las manos sin que tome liga la masa.
2. Poner en la manga pastelera con boquilla lisa y escudillar sobre latas de horno engrasadas. Hacer cilindros de 5 cm de largo con alguna separación entre ellos.
3. Cocer a 210 °C con más techo que suelo.
4. Una vez frías, se pueden pegar con mermelada, por la base de la pasta, y pasar en diagonal por cobertura de chocolate atemperada.

Tulipas

Las tulipas se utilizan para presentar helados y postres.

Receta

Tulipas

Ingredientes

- Claras 100 g
- Mantequilla 100 g
- Harina 100 g
- Azúcar 100 g

Elaboración

1. Fundir la mantequilla a temperatura moderada.
2. Mezclar en un recipiente semiesférico el resto de ingredientes y añadir la mantequilla fundida; mezclar con espátula, hasta conseguir una masa homogénea.
3. Reposar para que la masa adquiera consistencia al solidificarse la mantequilla.
4. Sobre una lata de horno, colocar un *silpat* y con la ayuda de una cuchara sopera, depositar una cucharada de masa en el *silpat,* extender en forma de círculo, con un diámetro de aprox. 5 cm.
5. Cocer a temperatura de 175°. Cuando estén casi doradas, sacar del horno y con la ayuda de una espátula despegar de una en una e ir depositando sobre la base de un cubilete de flan invertido, al que superponemos otro sobre la masa cocida para dar forma de tulipa.
   Nota: en la actualidad, existen máquinas que cuecen la tulipa con la forma que ha de tener, sin necesidad de recurrir a esta secuencia.
6. Dejar enfriar y retirar de los cubiletes.

Pastas rizadas de manga

La elaboración es igual a las lenguas de gato. La diferencia está en la forma de las pastas al escudillar.

Receta

Pastas rizadas de manga

<u>Ingredientes</u>

- Azúcar lustre 200 g
- Mantequilla o margarina 300 g
- Harina floja 500 g
- Huevos 200 g

<u>Elaboración</u>

1. Poner en la manga pastelera con boquilla rizada y escudillar, sobre latas de horno engrasadas. Hacer herraduras o rosetones sobre los que se coloca media guinda confitada.
2. Cocer a 200 °C con más techo que suelo.
3. Una vez frías, las herraduras se pueden pegar con mermelada, por la base de la pasta, y pasar las puntas, por cobertura de chocolate atemperada.

Pastas lisas de manga

Las pastas lisas de manga son iguales a las lenguas de gato. De hecho, la lengua de gato es una pasta de manga lisa. La diferencia entre ambas está en los ingredientes y la forma de las pastas.

 Receta

Pastas lisas de manga

<u>Ingredientes</u>

- ⌐ Azúcar lustre 200 g
- ⌐ Mantequilla o margarina 300 g
- ⌐ Harina floja 500 g
- ⌐ Huevos 200 g

<u>Elaboración</u>

1. Es igual a las lenguas de gato y a las pastas rizadas de manga.
2. Sus formas pueden ser: redondas, alargadas, cuadradas, pudiendo decorar la superficie con un cornet de chocolate o mermelada.

Pastas de corte

Las partas de corte pueden adoptar diversas formas geométricas sencillas, así como ingredientes de complementación como guindas, mermeladas, confituras, etc. normalmente utilizadas como complemento decorativo.

 Receta

Pastas de corte

<u>Ingredientes</u>

- ı Azúcar glas 125 g
- ı Mantequilla o margarina 250 g
- ı Huevos 50 g
- ı Harina floja 500 g

<u>Elaboración</u>

El proceso de empaste es similar a los anteriores.

1. Reposar el empaste envuelto en papel plástico, hasta que adquiera consistencia.
2. Trabajar el empaste sobre la mesa enharinada, espolvorearla con harina y laminar la masa con el rodillo, con el mismo grosor por todos lados.
3. Con la ayuda del cortapastas, sacar las piezas deseadas (redondas, ovaladas etcétera). Pintar con una mezcla de huevo y azúcar glas y con ayuda de la brocha la superficie de las pastas. Se pueden hacer sobre ellas detalles de decoración con un elemento punzante.
4. Cocer a 175º.
5. Una vez frías, se pueden pasar por una glasa al agua o glasa muerta (agua y azúcar glas diluida al 20 %-80 %).

Pasta brisa salada *(quiche lorraine)* y dulce

La *quiche lorraine* es un tipo de tarta salada de origen francés. Se elabora principalmente con huevos y crema de leche fresca, mezclada con verduras y/o productos cárnicos, con la que se rellena un molde de pasta brisa salada o masa quebrada. Se cocina al horno. Esta tarta salada es un clásico de la cocina francesa. Fue creada en torno al siglo XVI en la región de la Lorraine.

Receta

Pasta brisa salada

<u>Ingredientes</u>

- Azúcar glas 5 g
- Mantequilla o manteca de cerdo 250 g
- Huevos 50 g
- Harina floja 500 g
- Sal 10 g

Relleno de quiche

<u>Ingredientes</u>

- Huevos 500 g
- Nata 500 g
- Leche 500 ml
- Sal, pimienta molida, nuez moscada c/s
- Opcional (beicon, queso, tomate, cebolla etcétera)

<u>Elaboración</u>

1. Realizar el empaste como en las masas de corte.
2. Forrar dos moldes de 25 cm con la pasta.
3. Para el relleno: batir los huevos, añadir leche, nata, sal, pimienta y nuez moscada. Añadir los ingredientes deseados.
4. Cocer a horno moderado 180 °C.

Receta

Pasta brisa dulce

<u>Ingredientes</u>

- | Harina floja 500 g
- | Azúcar lustre 200 g
- | Mantequilla 250 g
- | Huevos 225 g
- | Sal 5 g
- | Vainilla c/s

<u>Elaboración</u>

1. Poner la mantequilla en pomada y añadir azúcar lustre, huevos, sal y vainilla.
2. Incorporar la harina tamizada a estos ingredientes y amalgamar sin que tome liga.
3. Dejar reposar en refrigeración. Su empleo es en el forrado de moldes para tartas de frutas, queso, tartaletas, etcétera.

Pasta sableux

Existen varias recetas para este tipo de pasta, se van desarrollar dos.

Receta

Pasta sableux

<u>Ingredientes</u>

Receta 1

ı Harina floja 500 g
ı Azúcar glas 150 g
ı Mantequilla 300 g
ı Sal 2 g
ı Harina de almendra 75 g
ı Huevos 150 g
ı Vainilla c/s

Receta 2

ı Harina floja 600 g
ı Azúcar lustre 225 g
ı Mantequilla 400 g
ı Harina de avellana 75 g
ı Yemas 150 g
ı Canela en polvo 5 g
ı Ralladura de limón c/s
ı Vainilla c/s

<u>Elaboración</u>

1. Se mezcla la mantequilla empomada con el azúcar lustre y se coloca en la batidora con la varilla, añadiendo el resto de ingredientes excepto la harina. Los huevos se añaden poco a poco. En último lugar, la harina pasada por el tamiz, mezclando lentamente con las manos sin que tome liga la masa.
2. El trabajo de amasar con las manos consiste en sujetar la masa con una mano y con la otra estirarla y volver a plegarla hasta que todos los ingredientes queden mezclados. Si este amasado resultara excesivo la masa toma liga y se engrasa demasiado al fundirse la mantequilla.
3. Una vez amasada, envolverla con papel film y reposar en refrigeración para que tome cuerpo con el frío.
4. Las diversas piezas que salen de la pasta sableux se cuecen a 180 ºC.

Tejas de almendra

Las tejas de almendras son una elaboración compleja, ya que requieren mucha agilidad. Su elaboración puede ser complementada con el uso de cubiertas de azúcar o chocolate, obteniéndose así una gran variedad de este tipo de elaboración.

 Receta

Tejas de almendra

Ingredientes

- ⏐ Harina 150 g
- ⏐ Azúcar glas 500 g
- ⏐ Mantequilla 150 g
- ⏐ Granillo de almendra 250 g
- ⏐ Glucosa 40 g
- ⏐ Zumo de naranja 75 ml

Elaboración

1. Fundir la mantequilla a temperatura moderada, junto con la glucosa.
2. Mezclar en un recipiente semiesférico azúcar, granillo de almendra y harina, y, por último, añadir el zumo de naranja y la mantequilla fundida con la glucosa. Mezclar con espátula, hasta conseguir una masa homogénea.
3. Reposar en refrigeración, para que la masa adquiera dureza al solidificarse la mantequilla.
4. Realizar bolitas con las manos de unos 20 g aprox.
5. Sobre una lata de horno, colocar un *silpat* y, sobre él, las bolitas, en forma de tresbolillo, para que al extenderse la masa en el horno no se peguen y queden adheridas entre ellas.
6. Cocer a temperatura de 180 ºC unos 5 min, hasta que empiecen a tomar color dorado.
7. Sacar del horno, dejar enfriar en el *silpat* y, siendo aun flexibles, pasar a molde de *baguettes,* de una en una, con la ayuda de una espátula.

Cigarrillos rusos

Al igual que los preparaciones ya descritas, los cigarrillos rusos pueden ser complementados en su decoración con el uso de masas de distinto color, siendo el cacao el elemento utilizado para colorear la masa a utilizar.

Receta

Cigarrillos rusos

<u>Ingredientes</u>

- Harina floja 200 g
- Azúcar glas 300 g
- Mantequilla 150 g
- Claras 250 g
- Vainilla c/s

<u>Elaboración</u>

1. Trabajar la grasa con el azúcar y la vainilla, hasta que esté en pomada la mantequilla. Se añaden las claras poco a poco para evitar que se corte la masa. Por último, incorporamos la harina previamente tamizada.
2. Cuando la masa es homogénea, se pone en manga pastelera con boquilla lisa del n.º 6, escudillándola sobre latas engrasadas, piezas circulares de 3 cm de diámetro, dejando espacio suficiente entre ellas, porque en el horno tienden a esparcirse.
3. Cocer a 220 ºC. Al salir del horno enrollar rápidamente sobre sí mismas con la ayuda de un cilindro de los utilizados para barquillos. Se pueden terminar cubriendo parcialmente con cobertura atemperada.

Cucuruchos

Son muy parecidos a los cigarrillos rusos, se terminan rellenando de nata montada, trufa, etc. También pueden bañarse con chocolate.

 Receta

Cucuruchos

Ingredientes

- ı Harina floja 500 g
- ı Azúcar lustre 800 g
- ı Mantequilla 120 g
- ı Huevos 600 g
- ı Claras 360 g
- ı Vainilla c/s

Elaboración

1. Poner la mantequilla en pomada (es el punto o consistencia que adquiere la mantequilla cuando se le aplica trabajo para ablandarla. No ha de ser rígida porque la temperatura sea baja, ni ha de ser líquida porque la temperatura sea alta. Ha de ser flexible, pero sólida) y amasar el resto de ingredientes hasta obtener una mezcla homogénea.
2. Escudillar sobre latas de horno engrasadas y realizar círculos de 10 cm y poco grosor.
3. Cocer a 225 ºC. Al sacar del horno enrollar sobre sí mismos en cilindros y dejar enfriar.

Florentinas

Pese a que la almendra fileteada es la utilizada de forma común, el uso de almendra en granillo también está aceptado, así como la incorporación de bases de otras masas o incluso de chocolate, siendo el momento de adición una vez se extraen del horno, aprovechando el calor residual del producto, para que se fijen quedando un producto con distintas capas.

Receta

Florentinas

Ingredientes

- Harina floja 100 g
- Azúcar 250 g
- Mantequilla 50 g
- Nata 250 g
- Glucosa 50 g
- Almendra fileteada 300 g
- Piel de naranja confitada 100 g
- Guindas confitadas 150 g

Elaboración

1. Fundir la mantequilla con la glucosa y añadir nata, azúcar, almendra, piel de naranja y guindas troceadas en dados pequeños y, por último, la harina. Mezclar bien todos los ingredientes.
2. Con la ayuda de una cuchara sopera, y un cortapastas, sobre una lata de horno engrasada, poner una porción de masa dentro del cortapastas y extenderla para que tome la forma del aro.
3. Cocer a 180 ºC de 8 a 10 min. Se retiran de la placa con la ayuda de una espátula, antes de que estén frías. Una vez frías, se napan con cobertura atemperada.

Nevaditos

La textura terrosa de los nevaditos hace que su conservación requiera de un ambiente seco y hermético, pudiendo utilizar el exceso de azúcar glas como elemento de conservación.

Receta

Nevaditos

Ingredientes

- Manteca de cerdo 325 g
- Harina floja 650 g
- Jerez seco 150 g
- Impulsor 15 g
- Azúcar glas 150 g

Elaboración

1. Fundir la manteca y añadir el vino. Batir hasta que esté mezclado. Añadir la harina y el impulsor, trabajar hasta conseguir una masa no muy blanda. Extender en la mesa dando un poco de grosor a la masa (1 cm y medio). Cortar en porciones de 2 cm. de diámetro con ayuda de un cortapastas.
2. Hornear a 180 ºC hasta dorar. Pasar por azúcar glas.

Polvorones

Suele venderse envuelto en un papel y cuando se sirve antes de comer, debido a su consistencia pulverulenta, suele apretarse en la mano de tal forma que la pasta queda apretada y puede abrirse con garantía de no deshacerse.

 Receta

Polvorones

Ingredientes

- Manteca de cerdo 500 g
- Harina tostada 500 g
- Azúcar 500 g
- Granillo almendra tostada 250 g
- Azúcar lustre 80 g
- Canela molida 10 g
- Ralladura de limón c/s

Elaboración

1. Emulsionar la manteca y el azúcar hasta que esponje, añadir la ralladura, la harina tostada y la almendra, obtener una masa fina.
2. Se estira la masa con el rodillo y se corta con cortapastas a unos 2 cm de grosor y se colocan en latas de horno.
3. Cocer a horno bajo unos 160 ºC durante 25 minutos aprox. Una vez fríos, espolvorear con azúcar lustre.

Almendrados

Los almendrados, aunque utilizan en su elaboración almendra fileteada, también pueden ser utilizados elementos como la almendra en granillo o incluso la almendra entera, siendo esta incorporada como elemento decorativo.

 Receta

Almendrados

Ingredientes

- Mazapán 500 g
- Huevo 75 g
- Almendra fileteada 150 g
- Yema 75 g
- Glucosa 75 g

Elaboración

1. Hacer una mezcla con el mazapán y los huevos (rebajar el mazapán).
2. Cortar porciones de 30 g y, con ayuda de las manos humedecidas, hacer cilindros de 6 cm aprox. Hacerlos rodar por la almendra fileteada, hasta quedar cubiertos de almendra, dando forma de moneda.
3. Cocer a 200 ºC hasta dorar ligeramente y, al salir del horno, aún calientes, dar un baño inglés, mezclando al baño maría con ayuda de una varilla yemas y glucosa. Una vez ambos ingredientes homogeneizados retirar del fuego y reservar.

3.3. Masas escaldadas. Principales elaboraciones: petisús, buñuelos y churros

Las principales elaboraciones de la pasta *choux* son:

Receta

Petisú

Ingredientes

| Harina floja 400 g
| Huevos 12 uds.
| Mantequilla 250 g
| Sal 5 g
| Agua 500 ml

Elaboración

1. Llevar a ebullición en un recipiente apropiado, semiesférico, agua, sal y mantequilla.
2. Cuando comienza la ebullición, se añade la harina tamizada al líquido hirviendo de una sola vez.
3. Trabajar enérgicamente con la espátula, removiendo constantemente, hasta que la masa se despegue de las paredes del cazo.
4. Una vez enfriada la masa, se coloca en la batidora con el gancho y, a velocidad intermedia, se añaden los huevos de dos en dos (no poner más cantidad, hasta que no se mezclen bien los anteriores), finalizar el proceso añadiendo de uno en uno, para evitar dejar la masa demasiado líquida.
5. Se comprueba el punto de la masa levantando con una espátula una porción de la misma y al hacerla caer lo hará lentamente.
6. Poner en manga pastelera, con el tipo de boquilla adecuada (lisa o rizada y con un grosor determinado).
7. Escudillar sobre placas de horno engrasadas (con manteca de cerdo fundida), con la ayuda de una brocha.
8. Cocer a 220 ºC con más techo que suelo y el tiro del horno abierto.

Receta

Buñuelos

<u>Ingredientes</u>

- ꞁ Harina floja 400 g
- ꞁ Huevos 15 unidades aprox.
- ꞁ Mantequilla 250 g
- ꞁ Sal 5 g
- ꞁ Agua 500 g

<u>Elaboración</u>

1. Se realiza la masa igual a la del petisú. La diferencia con esta es que lleva más cantidad de huevos, resultando una masa más liquida; si se deja caer la masa con la espátula, se puede observar que cae con continuidad, mientras que la del petisú cae en zigzag.
2. Preparar una sartén con aceite de semillas y calentar a temperatura de 175°. *Consejo:* Es preferible el aceite de semillas, ya que el aceite de oliva trasmitiría al buñuelo demasiado sabor.
3. Llenar la manga pastelera y poner boquilla lisa y ancha, tapar el extremo de la boquilla para que no se salga la masa, o coger la manga con destreza sin que se derrame. Ir dejando caer en el aceite pequeñas porciones de masa, cortando con una pequeña espátula metálica o con una puntilla.
4. A medida que se van friendo, se van hinchando y tomando color dorado. Con ayuda de una rasera araña, se va dando la vuelta para que doren por todos lados igual.
5. Una vez dorados, se sacan y colocan sobre una rejilla para que escurra el aceite que sobra y se dejan enfriar.
6. Se rellenan con ayuda de una boquilla especial de crema pastelera, crema da chocolate, nata montada, etcétera, y se espolvorean de azúcar glas. También se pueden pasar por azúcar mezclada con canela molida, sin ningún tipo de relleno.

Receta

Churros

<u>Ingredientes</u>

- Harina fuerza 250 g
- Aceite 50 g
- Sal 10 g
- Agua ½ l

<u>Elaboración</u>

1. Realizar la masa igual a la del petisú, trabajándola en el fuego hasta conseguir una masa fina sedosa y de aspecto blanquecino.
2. Colocar la masa en una churrera o manga con boquilla rizada.
3. Escudillar sobre una sartén con aceite de semillas, para freír a la gran fritura (180 - 190 ºC), dándole forma de rueda.
4. Una vez dorados por la parte inferior y con la ayuda de dos palos de churrero, dar la vuelta hasta dorar por completo, retirar y colocar sobre rejilla para escurrir el aceite que sobra.
5. Esta elaboración se consume caliente.
6. La masa se puede reservar para utilizar el día siguiente, conservando en refrigeración.

 Nota

Los churros pueden ser servidos glaseados (con azúcar, canela o ambas) o no, pudiendo ser rellenos según el formato llevado a cabo, utilizando cremas con texturas consistentes.

3.4. Masas batidas. Principales elaboraciones: magdalenas, sobaos, mantecadas, bizcocho de molde, bizcocho de plancha, compacto, soletilla y otros

Algunas de las elaboraciones que a continuación se desarrollan pueden clasificarse como bollería (como en el caso de las magdalenas o el *plum cake*), pero, sobre todo, el resto de bizcochos son elaboraciones que formarán parte de otras elaboraciones más complejas como tartas, pasteles, semifríos, etcétera.

 Receta

Magdalenas

Ingredientes

- Harina 500 g
- Azúcar 500 g
- Impulsor 20 g
- Huevos 500 g
- Aceite 500 ml

Elaboración

1. Colocar en batidora a marcha rápida el azúcar y los huevos, batir hasta que esponje, triplicar el volumen.
2. Añadir la harina con el impulsor mezclada y tamizada, poner la máquina en velocidad lenta.
3. Añadir aceite poco a poco una vez bien mezclado, reposar la masa hasta que empiece a gasificar.
4. Llenar en manga pastelera y escudillar en cápsulas de papel las 2/3 partes.
5. Cocer a 170 °C.

Receta

Sobaos

Se clasifica dentro de los bizcochos pesados por la cantidad de grasa que lleva en su composición.

Sobaos

Ingredientes

- Harina 500 g
- Mantequilla 500 g
- Huevos 450 g
- Azúcar 500 g
- Impulsor 10 g

Elaboración

1. Realizar una crema con la mantequilla y el azúcar en la batidora con la varilla e ir añadiendo los huevos por unidades.
2. Incorporar la harina y el impulsor de forma envolvente.
3. Escudillar en moldes rectangulares de papel y cocerlo a 175 ºC durante 15 min.

Receta

Mantecadas

<u>Ingredientes</u>

- Harina floja 520 g
- Azúcar 500 g
- Impulsor 20 g
- Huevos 500 g
- Mantequilla 500 g

<u>Elaboración</u>

1. Colocar en batidora a marcha rápida el azúcar y los huevos, batir hasta que esponje, triplicar el volumen.
2. Añadir la harina con el impulsor mezcladas y tamizadas, y poner la máquina en velocidad lenta.
3. Añadir la mantequilla esponjada en la batidora hasta conseguir la mezcla homogénea, moviendo con la mano en movimiento envolvente.
4. Llenar en manga pastelera y escudillar en cápsulas las 2/3 partes.
5. Poner 500 g de azúcar y agregar una clara de huevo, mezclar bien para que el azúcar quede humedecido.
6. Poner un poco de esta mezcla en cada mantecada.
7. Cocer a 180 ºC, subiendo el suelo del horno (temperatura) por encima de la del techo.

Nota

Las masas batidas pueden ser complementadas con rellenos o glaseados, formando al mismo tiempo parte de otras elaboraciones complejas.

Receta

Bizcocho de molde

Ingredientes

- Harina floja 600 g
- Azúcar 500 g
- Huevos 900 g
- Opcional:

    - Cacao en polvo 75 g
    - Harina de almendra 150 g

Elaboración

1. Colocar en batidora a marcha rápida los huevos y el azúcar, batir hasta que blanqueen y triplicar el volumen.
2. Añadir la harina, tamizada, removiendo con la mano.
3. Untar los moldes con grasa (mantequilla), espolvorear harina para que queden impregnados, volcándolos a continuación para eliminar la harina sobrante.
4. Llenar los moldes 2/3 partes con el batido y cocer a horno moderado de 165 a 170 ℃.
5. Si el bizcocho es de chocolate, poner junto a la harina los 75 g de cacao. Si es de almendra, añadir a la harina los 150 g de harina de almendra.

Sabía que...

El término bizcocho proviene del latín *bis coctus*, 'dos veces cocido'. Se trataba de un pan que era cocinado por segunda vez para que se mantuviera durante más tiempo.

En España, es cualquier masa dulce horneada.

En Canarias la palabra conserva su sentido original, pan horneado dos veces para lograr una mejor conservación del mismo.

Receta

Bizcocho de plancha

<u>Ingredientes</u>

- I Harina floja 550 g
- I Azúcar 500 g
- I Yemas 300 g
- I Claras 600 g
- I Opcional:

Bizcocho de plancha

- I Cacao en polvo 50 g
- I Harina de almendra 120 g

<u>Elaboración</u>

1. Colocar en batidora a marcha rápida claras y azúcar, batir hasta que el merengue tome consistencia, sin caerse de la varilla.
2. Realizar el mismo proceso de batido con las yemas durante 10 min mínimo hasta que blanqueen y cojan el volumen.
3. Mezclar con el merengue de forma envolvente.
4. Añadir la harina tamizada, removiendo con la mano.
5. Llenar en manga pastelera y escudillar sobre papel sulfurizado en placas de horno.
6. Cocer a horno fuerte 220 ºC unos 7 u 8 min.
7. Si el bizcocho es de chocolate, poner junto con la harina los 50 g de cacao. Si es de almendra, añadir junto con la harina los 120 g de harina de almendra.

Recuerde

El bizcocho de plancha se caracteriza por ser escudillado.

Receta

Bizcocho compacto *(plum cake)*

Ingredientes

- Mantequilla 400 g
- Azúcar 400 g
- Harina 630 g
- Huevo 560 g
- Impulsor 10 g
- Brandy c/s
- Fruta escarchada 400 g

Elaboración

1. Atemperar y mezclar la mantequilla y el azúcar, poner en la batidora y esponjar.
2. Añadir los huevos poco apoco hasta conseguir una masa homogénea.
3. Una vez esponjada esta masa, añadir la carga de harina con el impulsor, tamizando sobre ella de forma envolvente. A mitad de la operación poner la fruta y el licor.
4. Preparar los moldes de plum cake, untándolos de mantequilla y espolvoreando con harina. Volcar los moldes para retirar la harina sobrante.
5. Llenar los moldes con el batido a 2/3 partes del mismo, considerando que aumentará de volumen.
6. Cocer a temperatura de 160 °C. Cuando se forme una pequeña corteza, realizar una incisión a lo largo del preparado para que desarrolle el volumen por esa abertura.

Nota

Para la elaboración de bizcocho compacto de chocolate, en la fórmula se sustituirán 378 g de harina por cacao en polvo.

Definición

Plum cake
Es una tradicional tarta que acostumbra a hacerse en las temporadas de otoño e invierno aprovechando las frutas confitadas que se han recogido durante el verano.

Aplicación práctica

Es usted profesor en una escuela de cocina y uno de sus alumnos le pregunta por qué dentro del proceso de elaboración se utilizarán dos velocidades distintas con la batidora. ¿Qué le respondería?

SOLUCIÓN

Cuando se realiza la elaboración del bizcocho el batido de los huevos y el azúcar se realiza a la velocidad más rápida posible de la batidora; el objetivo es introducir la mayor cantidad de aire posible en el batido.

Cuando se mezcla la carga o almidones, que le dará consistencia al preparado, con los huevos, la velocidad será lenta; se pretende que se escape la menor cantidad posible de aire para que salga esponjoso.

Receta

Soletilla

<u>Ingredientes</u>

- ⏐ Harina floja 500 g
- ⏐ Almidón 150 g
- ⏐ Azúcar 400 g
- ⏐ Yemas 300 g
- ⏐ Claras 450 g
- ⏐ Azúcar 100 g

Bizcocho soletilla cocido

<u>Elaboración</u>

1. Colocar en batidora a marcha rápida las yemas y el azúcar (400 g), batir hasta que blanqueen y triplicar el volumen.
2. Colocar en batidora a marcha rápida las claras y el azúcar (100 g), batir hasta que tengan consistencia de merengue.
3. Mezclar ambos batidos con la mano, evitando trabajar demasiado la mezcla pero procurando que quede homogénea.
4. Añadir la harina y el almidón tamizados, removiendo con la mano y mezclando con el batido anterior.
5. Poner en manga pastelera y escudillar bizcochos alargados sobre papel sulfurizado o papel tabaco. Poner por encima azúcar granillo o glas.
6. Cocer a horno moderado fuerte 200 ºC y, una vez fríos, retirar del papel con ayuda de espátula.

3.5. Masas de repostería y otras elaboraciones. Principales elaboraciones: merengues, tocinillos, flanes y yemas

Descritas las principales masas utilizadas como base de las elaboraciones pasteleras más importantes (masas batidas, escaldadas, azucaradas y hojaldradas) es importante citar otro de los grupos de masas o elaboraciones que con técnicas de elaboración comunes a las ya descritas, presentan una formulación o elaboración característica, diferenciando principalmente entre los merengues, los tocinillos, los flanes y las yemas.

Merengues

Otro elemento básico junto con las cremas son los merengues. Los productos de pastelería son tan agradables al paladar, entre otras cosas, por la cantidad de grasa que llevan en su composición.

Claves para lograr merengues perfectos

■ Las claras deben estar completamente limpias, es decir, sin una pizca de yema, y a temperatura ambiente. Nunca utilizar claras de huevos recién sacados de la nevera.

■ Si utilizamos una pizca de sal obtendremos claras más firmes.

■ Antes de batir, controlar que las varillas de la batidora y el perol estén completamente limpias y secas, ya que si queda algo de grasa no montará.

■ No utilizar nada de aluminio, ya que este dará un color grisáceo al merengue.

■ Para una preparación más sencilla, se pueden colocar todos los ingredientes de una vez dentro del bol, llevar a baño maría y comenzar a batir.

■ Para obtener merengues con un toque de sabor, se les puede agregar a las claras batidas cáscara de limón o naranja rallada, una pizca de café o chocolate, aromatizante de almendras, coco, etcétera.

Receta

Merengue clásico

Ingredientes

- Claras 400 g
- 1 pizca de sal
- Azúcar 600 g

Elaboración

1. Poner en un bol las claras y el azúcar, calentar hasta que el azúcar esté disuelto completamente, sin que llegue a hervir.
2. Batirlas con la batidora eléctrica hasta que el merengue esté bien firme, aunque sin pasarse.

Receta

Merengue suizo

El merengue suizo se caracteriza por su cocción al baño maría.

Ingredientes

- 4 claras de huevo
- Azúcar 300 g

Elaboración

1. Colocar las claras dentro de un bol y llevar a baño maría. Comenzar a batir con batidora eléctrica hasta que las claras estén espumosas.
2. Añadir el azúcar y continuar batiendo hasta que se formen picos en su superficie al levantar las paletas de la batidora.

 **Receta**

Merengue italiano

El merengue italiano debe usarse en el momento en que se elabora, ya que si se enfría perderá elasticidad y será más difícil de manejar. Se puede utilizar en gran variedad de preparaciones dulces y reposterías como: helados, tartas, cremas, mousses, etcétera.

<u>Ingredientes</u>

- 4 claras de huevo
- Azúcar 250 g
- Agua aprox. 100 ml

<u>Elaboración</u>

1. En un perol, colocar el azúcar y el agua. Llevar al fuego hasta formar un almíbar a punto bola medio o blando.
2. Colocar en el perol de la batidora las claras y batir hasta llegar a punto nieve.
3. Cuando el almíbar esté listo, verter dentro del perol en donde se encuentran las claras batidas, en forma de hilo y despacio, pero sin dejar de batir en algún momento.
4. Continuar batiendo hasta que la preparación adquiera una consistencia firme y esté tibia.

 Recuerde

Los merengues pueden ser adicionados con aditivos, saborizantes o colorantes, según las necesidades.

Cremas con huevo (flanes y cremas)

Las cremas con huevo son otro de los grupos de elaboraciones a considerar en el mundo dulce, tanto por su importancia, como elaboración principal, como formando parte de otras. Para su obtención habrá que partir siempre al igual que con el resto de elaboraciones de materias primas de primera calidad, respetando al mismo tiempo las temperaturas y tiempos de cocción.

Las formulaciones desarrolladas para su realización difieren según la utilización a la que van a ser destinadas, modificando su textura, sabor o color.

A continuación se presentan algunas recetas o fórmulas ejemplarizantes.

Receta

Flan de huevo

Ingredientes

- l 1 l leche entera
- l 9 huevos
- l 2 yemas
- l 300 g azúcar
- l 50 g azúcar para caramelo

Elaboración

1. Poner el azúcar en un cazo eléctrico, junto con unas gotas de agua, llevándolo a una temperatura de 160 ºC, obteniendo un caramelo rubio.
2. Poner en el recipiente (flanera) destinado a la cocción del flan.
3. En un bol introducir la leche, el azúcar y los huevos, batiendo hasta obtener una crema ligera homogénea, que se pasará por chino, eliminando posibles restos.
4. Verter en las flaneras e introducir al baño maría o al horno vapor durante 1 hora más o menos, impidiendo que hierva el agua de cocción, que provocará un flan grumoso y con burbujas en su interior.
5. Una vez finalizada la cocción, sacar del baño maría, enfriar y reservar en el molde hasta su servicio.

Receta

Crema pastelera

Es una crema básica, de uso cotidiano en la pastelería. Los ingredientes empleados para la elaboración de la crema pastelera son los que a continuación se redactan. No obstante, puede sufrir variaciones en su elaboración, dependiendo del empleo que se le vaya a dar a la crema y también desde el punto de vista económico.

Ingredientes

- Leche 1 l
- Azúcar 220 g
- Yemas 7 uds.
- Harina floja 75 g
- Almidón 25 g
- Vainilla 1 uds.
- Canela en rama 1 uds.
- Piel de limón o naranja 1 piel

Elaboración

1. Poner la leche (reservando 1/5 del total) a hervir, infusionándola con los aromatizantes.
2. Mezclar en un recipiente semiesférico, o de medio punto, el azúcar y los almidones. Mezclar bien con el batidor y añadir la leche que se ha reservado, remover con batidor hasta diluir por completo la mezcla.
3. Agregar la yema del huevo y batir bien la mezcla hasta conseguir una papilla.
4. Una vez infusionada y hervida la leche, añadir a la papilla anterior fuera del fuego, sin parar de remover hasta diluir por completo la mezcla, pasar el conjunto por un chino y volver a poner al fuego hasta que rompa a hervir la crema. Cuando ha cogido consistencia se retira del fuego y se enfría:

  - Directamente en el abatidor de temperaturas.
  - Volcando la crema sobre la mesa que estará escrupulosamente limpia para que se airee y enfríe con rapidez.

5. Una vez fría la crema, recoger en un recipiente apropiado con cierre hermético o taparla totalmente con papel film y reservarla en refrigeración hasta su manipulación. *Consejo:* si se cambian las yemas por huevos enteros en la misma proporción, la crema perderá calidad en cuanto al sabor se refiere, pero será bastante más económica al utilizar menos huevos (la yema pesa aprox. el 35 % del peso total del huevo).

Receta

Crema pastelera para hornear

Nota: esta crema es utilizada para elaboraciones que van terminadas en el horno o bien que se pueden gratinar o quemar con la pala de quemar o el soplete.

<u>Ingredientes</u>

Los ingredientes para esta crema son los mismos de la crema pastelera, lo que cambia son las cantidades de algunos de los ingredientes, aumentándolos. Lo que espesa la crema es lo que se viene a denominar la carga. De esta manera, se podría espesar la crema aumentando en un 20 % los almidones que intervienen en la composición de la receta o los huevos.

Existen otras cremas que también pasan por un proceso térmico después de estar hechas son:

- La yema quemada.
- La crema catalana.

<u>Elaboración</u>

La elaboración de esta crema es igual a la explicada anteriormente para la crema pastelera normal.

En cuanto a la yema quemada

1. Cocinar al fuego 100 g de huevo con 300 g de azúcar lustre.
2. Proceder como en la crema de yema, que se explica a continuación. Es ideal para quemar con pala o con soplete.

En cuanto a la crema catalana:

1. A la hora de servirla se espolvorea con azúcar granillo y se quema con la pala de quemar.

Cremas de huevo (tocinillos y yemas)

Como su nombre indica las cremas de huevo, llevan entre sus ingredientes de forma principal huevo o yema de huevo, incorporando algún otro elemento que caracterizará la elaboración, siendo normalmente azúcar o aditivos aromatizantes, que matizarán la elaboración final.

Para estas elaboraciones la materia prima a utilizar deberá ser de primera calidad, al igual que para el resto de elaboraciones, destacando la frescura y calidad del huevo, ya que es el principal ingrediente en la elaboración.

Una de las elaboraciones más características de este tipo de cremas es el tocino de cielo, que guarda gran importancia en su elaboración, por la precisión de su preparación, siendo importantísima la temperatura de adición del azúcar al huevo o la temperatura de cocción.

A continuación se presentan algunas recetas o fórmulas ejemplarizantes.

Receta

Tocino de cielo

Ingredientes

ı 24 yemas de huevo
ı 600 g azúcar
ı 300 ml agua
ı 200 g azúcar

Elaboración

1. Realizar un caramelo rubio a 160 °C con los 200 g de azúcar, que servirán para forrar o encamisar los moldes donde se introducirá posteriormente el tocino de cielo a elaborar.
2. Para la crema se realizará previamente un batido y colado de la yema para eliminar cualquier impureza, obteniendo una yema limpia y líquida.
3. Con los 600 g de azúcar y los 300 ml de agua realizamos un almíbar de hebra fuerte, situándolo a una temperatura de entre 110 °C y 114 °C.
4. Unir el almíbar sobre las yemas batidas, sin dejar de mover, para evitar que se cuajen en forma de pequeño hilo.
5. Verter en el molde y cocer al baño maría o en horno vapor, cuidando de que el agua no penetre en los moldes y evitando que hierva, para obtener una textura fina, suave y libre de alveolos.

 Nota

El tocino de cielo puede ser aromatizado con vainilla u otras especias como cardomomo, canela o clavo.

Receta

Crema de yema

Esta crema se puede hacer de dos formas diferentes:

- Yema fina (más calidad).
- Yema pastelera (más económica).

Yema fina

Ingredientes

- Agua 2 dl
- Azúcar 500 g
- Yemas 500 g

Elaboración

1. Poner a cocer el agua y el azúcar hasta tener un jarabe a punto de hebra floja.
2. En otro recipiente semiesférico, poner las yemas y añadir el jarabe anterior, mezclar todo bien y pasar por un chino para quitar posibles impurezas.
3. Poner esta mezcla al fuego y, cuando dé el primer hervor, retirarla y se volcará sobre la mesa de trabajo limpia (de acero inoxidable o mármol).
4. Recogerla y conservarla hasta su utilización. Es importante manipularla cuando esté completamente fría.

Yema pastelera

Ingredientes

- Agua 4 dl
- Azúcar 800 g
- Huevo 800 g
- Almidón 50 g
- Vainilla c/s

Continúa en página siguiente >>

<< Viene de página anterior

<u>Elaboración</u>

1. Poner en un recipiente apropiado el azúcar y el almidón y mezclar bien.
2. Añadir el agua, mezclar y, a continuación, poner los huevos y la vainilla.
3. Poner esta mezcla al fuego, removiendo bien por todas partes en círculo y en cruz y, cuando dé el primer hervor, retirar y volcar sobre la mesa de trabajo limpia (de acero inoxidable o mármol).
4. Recoge y conservar hasta su utilización. Es importante manipularla cuando este completamente fría.

Otras cremas dulces

No solo a partir de leche o huevo pueden realizarse las cremas sino que otras grasas o coagulantes, pueden unirse para crear sofisticadas elaboraciones, que servidas solas o formando parte de otras elaboraciones pueden resultar gratas.

Un ejemplo de elaboración es la crema de mantequilla, que se mostrará a continuación y sus derivadas.

Receta

Crema de mantequilla

Nota: las cremas de mantequilla han perdido importancia en el marco de la pastelería por su alto contenido graso, aunque actualmente la mantequilla se puede reemplazar por grasas vegetales modificadas de calidad que no contienen tantos ácidos grasos saturados y dan prácticamente el mismo resultado que la mantequilla.

Ingredientes

- Azúcar 800 g
- Mantequilla 600 g
- Glucosa 100 g
- Agua 200 g
- Se puede enriquecer añadiendo 50 g de yema pasteurizada.
- Se puede adicionar el sabor que se quiera: chocolate, café, etcétera.

Elaboración

1. Hervir en recipiente adecuado el azúcar y la glucosa con el agua y dejarlo atemperar a 25 °C.
2. Poner la mantequilla en pomada y montar en la batidora e ir incorporando el jarabe poco a poco, dando tiempo a la mantequilla para que lo absorba en una mezcla homogénea
3. Si el jarabe estuviese demasiado caliente fundiría la mantequilla, por eso debe atemperarse.
4. Hay una variante para esta crema: montando en la batidora a partes iguales un merengue terminado con mantequilla en pomada.

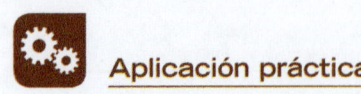

Aplicación práctica

Supuestamente se está realizando una crema pastelera con huevos frescos que están contaminados de salmonela. Indique la solución que plantearía para evitar una contaminación alimenticia.

SOLUCIÓN

Hay que asegurarse a través del termómetro que cuando la crema está en el fuego la temperatura en el centro de la mezcla ha superado los 75 ºC. De esta manera se asegura la higienización de la crema, ya que a esta temperatura las bacterias habrán muerto.

3.6. Semifríos: *bavaroise, mousses,* charlotas, *parfait,* crema catalana y otras

Los semifríos se pueden clasificar teniendo en cuenta los ingredientes que los componen y que repercutirán en el sabor final y en el esponjamiento del mismo.

Bavaroise

Son elaboraciones de origen francés a las que se da forma en moldes circulares específicos para este tipo de elaboración. Están basadas, generalmente, en una crema inglesa adicionada de gelatina (cola de pescado) o puré de frutas, esponjados mediante la incorporación de nata o merengues.

Fases más importantes en la elaboración de bavaroise

> ■ La mezcla de crema y nata se realizará con la suficiente antelación para evitar que se formen grumos de crema, que no se pueden ser disolver una vez cuajados.
> ■ Al realizar la mezcla de crema y nata no se puede invertir el proceso. Si se calienta la crema, la nata pierde la consistencia y se vuelve líquida. Además, no se puede volver a montar si está mezclada con el resto de ingredientes.

- Rellenar los moldes con rapidez y procurar que queden lisos en toda su superficie, ya que, si se enfría la crema y la gelatina coge consistencia, esta fase de enmoldado no se puede llevar a cabo, pues el molde se llenaría de forma irregular.
- Los moldes flexibles y antiadherentes facilitan el desmoldado de la *bavaroise*. La consistencia de la crema una vez fría será suficiente para que el desmoldado resulte sin complicaciones.
- Atemperar el molde para que la gelatina se despegue y se separe el preparado del molde.
- Un exceso de calor puede fundir la gelatina, por lo que el preparado pierde la consistencia.
- La conservación de las *bavaroises* se realiza en refrigeración sin congelar. Deben taparse herméticamente para evitar que adquieran sabores u olores de la cámara y no es conveniente desmoldarlos antes de utilizarlos.

Recuerde

Los moldes han de ser de materiales inalterables para evitar posibles contaminaciones.

Consejo

Se puede atemperar el molde con un paño caliente o introduciendo el molde en agua tibia el tiempo justo de despegar la *bavaroise* del molde.

Importante

La nata debe montarse fría a 2 o 3 °C y no debe batirse en exceso, porque se cortaría, dando como resultado el suero que contiene por una parte y la mantequilla por otra.

Receta

Bavaroise de frutas

Ingredientes

- Zumo o pulpa de fruta 300 g
- Gelatina 20 g-15 g
- Nata 1250 g
- Azúcar 400 g

Elaboración

Bavaroise de mango

1. Calentar el zumo de fruta, sin que llegue a hervir, con el azúcar hasta que quede completamente disuelto.
2. Incorporar la gelatina al zumo o a la pulpa en caliente, hidratada con anterioridad en agua fría, hasta que quede disuelta por completo sin que queden grumos. Reservar.
3. Montar la nata sin exceso de batido porque se corta, pero que quede con consistencia.
4. Mezclar con el zumo y la gelatina. Esta segunda mezcla no ha de estar ni caliente en exceso, ya que ello bajaría la nata, ni excesivamente fría, ya que cuajaría al contacto con la nata.
5. Rellenar los moldes con esta mezcla y dejar enfriar.
6. Los moldes serán de dos cuerpos, forrándose con acetato o papel parafinado.

Mousses

Se diferencian de las charlotas y *bavaroises* por estar más esponjadas, por lo que se incorpora un elemento espumoso además de la nata, que sigue constituyendo el elemento principal. Este elemento puede ser el merengue o la pasta bomba. Además, pueden ir adicionados de gelatina, aunque no necesariamente la llevan.

 Nota

Las *mousses* o espumas se pueden presentar como postre de forma individual en copas y terrinas o como tartas, teniendo estas como base un bizcocho o pasta brisa, quebrada o *sableux*.

Fases más importantes en la elaboración de mousses

- Si la opción es la de incorporar la pasta bomba o crema de yemas con azúcar más el ingrediente encargado de aportar el sabor a la crema, esta se realiza emulsionando al baño maría las yemas hasta que blanqueen, pasteuricen y aumenten el volumen, evitando temperaturas altas que coagulen las yemas y provoquen grumos. A esta emulsión se añade el elemento saborizante: praliné, café, pulpa de frutas, chocolate, licores etcétera.
- Si la opción es una base de crema inglesa, no puede alcanzar más de 90 °C, porque las yemas se cortan, produciendo una textura grumosa. Aun así se ha de tener la certeza y asegurar que la crema queda higienizada, por lo que será necesario contar con un termómetro para controlar la temperatura.
- Si la opción de la *mousse* es el chocolate, el chocolate se funde sin que se queme la manteca de cacao, en el atemperador de chocolate, teniendo en cuenta la temperatura idónea en el fundido de cada tipo de chocolate.

■ Si la opción es con colas de pescado, hay que hidratarlas previamente y escurrirlas de líquido completamente antes de su utilización, teniendo especial cuidado en la mezcla de la gelatina y nata, crema inglesa, pasta bomba, o zumo y puré de frutas, que ha de realizarse a una temperatura que funda con facilidad, ya que de lo contrario quedarían trozos de gelatina entre la crema y no cogería la consistencia deseada. Las *mousses* no deben llevar más de 6 o 7 colas o 12 o 15 g de gelatina por litro de nata. Aun así, no todas las *mousses* deben presentar las mismas condiciones de consistencia y textura, que no van a ser la mismas para una *mousse* de chocolate que para una de cítricos.

■ El proceso hasta este punto de mezcla de gelatina y crema es reversible y se puede disponer de esta mezcla con suficiente antelación, en función de las necesidades, ya que la crema cuajada puede ser fundida de nuevo sin alterar sus características.

■ Una vez incorporada la gelatina, debe dejarse enfriar removiendo para mantener la homogeneidad en la mezcla, evitando que se cuaje en las paredes del recipiente.

■ La mezcla de la crema y la nata se realizará antes de que la crema haya comenzado a cuajar y se mezclará con suavidad para facilitar la homogeneidad de la *mousse.* Dependiendo del tipo de crema, se dará más o menos densidad a la nata, sin pasarla en ningún caso de batido, ya que terminaría por cortarse.

■ Si la receta llevase claras, se montan justo en el momento de utilizarlas. Si se montan con antelación el batido se viene abajo, perdiendo la capacidad de aportar espumosidad al preparado. De producirse esta situación es recomendable volver a montar claras nuevas, ya que un excesivo trabajo termina por rizarlas.

■ Si la opción es merengue (cocido, italiano, suizo), habrá que tener en cuenta el azúcar para restarlo de la cantidad total de la receta.

■ Todas las *mousses* deben reposar en cámara para que los ingredientes sólidos se hidraten con los líquidos y la mezcla sea completamente homogénea. Al menos, estarán en cámara el tiempo suficiente para que la gelatina cuaje y cojan la temperatura idónea para poder ser consumidas.

Receta

Mousse **de chocolate**

Ingredientes

- Cobertura negra 300 g
- Agua 300 g
- Gelatina 20 g
- Nata 800 g
- Azúcar 300 g
- Claras 300 g

Elaboración

1. En primer lugar, determinar la presentación de la *mousse,* es decir, si se presenta en copa o en forma de tarta, por lo que la preparación de los moldes es necesaria.
2. Untar el molde con mantequilla fundida con la ayuda de una brocha y seguidamente espolvorear de azúcar glas, eliminando el azúcar que no quede adherido al molde.
3. Calentar el agua en un recipiente apropiado y añadir la gelatina previamente hidratada hasta que quede disuelta por completo. A continuación, añadir el chocolate. *Consejo:* es recomendable que la temperatura del agua sea moderada a la hora de hacer la mezcla.
4. Montar las claras a punto de nieve y añadir el azúcar antes de terminar el batido, de forma que se funda con las claras y formen un merengue. El punto del merengue estará cuando, levantando la varilla, las claras se queden adheridas a ella sin caer.
5. Añadir al merengue la mezcla anterior del chocolate, agua y gelatina. La mezcla no estará muy caliente, pero tampoco demasiado fría para que la gelatina no empiece a solidificar
6. Montar la nata a temperatura de 3 o 4 ºC y mezclar todo el conjunto rápidamente.
7. Poner en moldes y cerrar con una tapa de bizcocho. Para desmoldar se puede aplicar al molde calor o meter en agua templada. *Consejo:* si la *mousse* fuese en copas, se puede disponer con la ayuda de la manga pastelera y boquilla rizada para conferirle un aspecto atractivo.

Charlotas

Son elaboraciones de pastelería similares a las *bavaroises,* ya que los rellenos están basados en estos y se diferencian en que los moldes van forrados interiormente de bizcochos, bien de soletilla, plancha, Joconda, etcétera.

Fases más importantes en la elaboración de charlotas (o carlotas)

▮ La mezcla de crema y nata se realizará con la suficiente antelación para evitar que se formen grumos de crema cuajada.

▮ Al realizar la mezcla de crema y nata no se puede invertir el proceso. Si se calienta la crema, la nata pierde la consistencia y se vuelve líquida. Además no se puede volver a montar si está mezclada con el resto de ingredientes.

▮ Rellenar los moldes con rapidez y que queden lisos en toda su superficie.

▮ Los moldes flexibles y antiadherentes facilitan el desmoldado. La consistencia de la crema una vez fría, junto con el bizcocho, será suficiente para que el desmoldado resulte sin complicaciones.

▮ La charlota se desmolda mejor si se espolvorea el molde con azúcar antes de forrar con el bizcocho.

▮ La conservación de las charlotas se realiza en refrigeración sin congelar, debiendo taparse herméticamente para evitar que adquieran sabores u olores de la cámara. No es conveniente desmoldarlas antes de utilizarlas.

Receta

Charlota

Ingredientes

- Nata 800 g
- Leche 400 g
- Azúcar 100 g
- Leche 100 g
- Yemas de huevo 200 g
- Claras 200 g
- Azúcar 200 g
- Gelatina 20 g

Carlota de limón realizada con soletillas

Elaboración

Realizar una crema inglesa como se indica en las tres primeras fases.

1. En un perol de medio punto, poner las yemas, el azúcar (100 g) y la leche (100 g). Batir con la varilla hasta que quede disuelta y homogénea
2. Poner a calentar los 400 g de leche y cuando hierva retirar del fuego y añadir la gelatina previamente hidratada, removiendo con la varilla hasta que quede bien disuelta.
3. Colar esta mezcla por un colador o tamiz y añadir la primera mezcla removiendo con la espátula o la varilla, cociendo el conjunto sin que llegue a hervir, pero con temperatura suficiente para pasteurizar las yemas y que el preparado tome la consistencia de crema.
4. Atemperar la crema sin parar de mover hasta que la temperatura sea baja, sin llegar a enfriar totalmente para que la gelatina no cuaje
5. Montar las claras en la batidora a marcha rápida con unas gotas de vinagre para evitar el rizado y, cuando estén casi a punto de nieve, añadir los 200 g de azúcar. *Recuerde:* las claras estarán montadas cuando levantando la varilla del perol el merengue se queda adherido a ella sin caer.
6. Montar la nata en batidora, a marcha rápida, y, a scr posible, enfriar también el perol donde se va montar para que le trasmita frío a la nata. En este proceso la nata estará a una temperatura de 4 °C.
7. Mezclar los tres batidos. En esta operación se empleará el menor tiempo posible, procurando que quede una mezcla homogénea.
8. Rellenar los moldes, que previamente se tendrán preparados, forrados con papel parafinado y bizcocho.

Parfait

Es un término francés que significa literalmente "perfecto" y denomina un tipo de postre helado.

Los *parfait* son cremas heladas de sabor intenso que normalmente se congelan en moldes, ya que su alto contenido en grasa y azúcar permite que permanezcan cremosos sin necesidad de usar heladora o de batirlos durante el proceso, como ocurre con la mayoría de semifríos.

 Receta

Parfait de fresa

<u>Ingredientes</u>

- Fresas 250 g
- Azúcar a punto de hebra floja 250 g
- Yema 200 g
- Nata montada 500 g

<u>Elaboración</u>

1. Triturar las fresas en la licuadora, batidora o termomix.
2. Colocar las yemas en un perol de acero inoxidable y montarlas con unas varillas hasta que estén cremosas.
3. Batir las yemas al baño maría hasta que pierdan el sabor a crudo.
4. Añadir el azúcar a punto de hebra floja y seguir batiendo las yemas hasta que se enfríen.
5. Mezclar las yemas con la pulpa de fresa.
6. Una vez que esté fría la mezcla anterior, mezclar con la nata montada.
7. Forrar unos moldes con papel parafinado y rellenarlos con la mezcla anterior. Se mete el *parfait* en el congelador durante 3 horas aproximadamente, teniendo cuidado de que no se hiele por completo.

Sabía que...

Los americanos entienden por *parfait* una combinación de frutas y helado que se suele servir en vasos o copas, generalmente dispuesto en capas claramente visibles.

Receta

Parfait de chocolate

Ingredientes

- Cobertura de chocolate 250 g
- Azúcar a punto de hebra floja 250 g
- Yemas de huevo 200 g
- *Brandy* 1 copa
- Nata montada 500 g

Elaboración

1. Fundir el chocolate al baño maría, con cuidado de que no le caiga agua.
2. Colocar las yemas en un perol de acero inoxidable y montarlas con varilla, hasta que adquieran un aspecto cremoso.
3. Añadir el brandy y seguir batiendo las yemas al baño maría, hasta que pierdan el sabor a crudo.
4. Agregar el azúcar a punto de hebra floja y seguir batiendo las yemas hasta que se enfríen.
5. Mezclar las yemas con el chocolate fundido.
6. Una vez que esté fría la mezcla anterior, se mezcla con la nata montada.
7. Forrar unos moldes con papel parafinado y rellenarlos con la mezcla anterior. Se mete el *parfait* en el congelador durante 3 horas aproximadamente, teniendo cuidado de que no se hiele por completo.
8. Sacar del molde y servir.

Nota: también se puede poner directamente en una copa de cóctel y servir en ella.

Nota

Los *parfait* son los únicos semifríos que excepcionalmente toleran la congelación debido a su alto contenido en azúcar y grasa, lo que evita que la congelación altere su textura, al no llegar a congelarse la crema totalmente.

Crema catalana

Son elaboraciones de pastelería similares a las cremas de huevo, pero su untuosidad y cremosidad hacen que se puedan incluir dentro de este tipo de preparaciones, siempre servidas frías y normalmente presentadas en cazuela de barro, debido al respeto de la tradición y la temperatura a la que es expuesto el recipiente para la caramelización final antes del servicio.

La crema catalana se caracteriza por su cubierta crujiente, que permite el ritual de rotura ante su consumo, mostrando diferentes texturas en boca, lo que provoca gran interés.

Fases más importantes en la elaboración de la crema catalana

Para su realización cabe destacar la realización de la crema, que debe quedar fina y sin grumos, evitando que la temperatura de cocción corte la crema.

Los moldes deben ser rellenos con rapidez evitando una superficie rugosa o no uniforme, que posteriormente no posibilite una correcta caramelización.

La caramelización de la crema se realizará a partir de que la crema esté fría, evitando el deterioro de esta y el rápido enfriamiento posterior para el servicio.

La conservación de la crema debe ser en refrigeración, sin congelar, debiendo taparse herméticamente para evitar que adquiera olores o sabor, siendo caramelizada justo antes de servirla.

 Receta

Crema catalana

<u>Ingredientes</u>

- 2 l de leche
- 16 yemas de huevo
- 100 g fécula de maíz
- 300 g azúcar
- 1 rama canela
- 1 piel de limón
- c/s azúcar para quemar

<u>Elaboración</u>

1. Poner la leche a infusionar junto con la canela y la piel de limón, reservando 150 ml aproximadamente para diluir la fécula.
2. Una vez infusionada, colar la leche para eliminar restos de canela y limón y dejar reposar.
3. Realizar una carga con el azúcar, las yemas y la fécula hidratada.
4. Incorpora la leche sobre la carga y vuelve a cocer la elaboración, hasta obtener la textura deseada, evitado que la crema se corte o pegue.
5. Una vez cocida verter en el recipiente de servicio y reservar en refrigeración.
6. Justo antes de servir, quemar con azúcar y pala de quemar a soplete.

4. Fundamentos de los procesos de elaboración de los distintos tipos de masas y pastas de pastelería y repostería

Para desarrollar los fundamentos de los procesos de elaboración de los distintos tipos de masas habrá que basarse en la clasificación dictada por ley.

4.1. Proceso de elaboración del hojaldre y piezas más comunes, dulces y saladas (masas de hojaldre)

Existen varios tipos de hojaldre cuya formulación es parecida, pero de elaboración distinta, pudiendo destacar algunos puntos en común como la preparación de una buena *mise en place,* que nos permita obtener los menores imprevistos durante la elaboración.

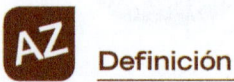

Definición

Mise en place, o puesta a punto
Es la organización y preparación previa de los utensilios, maquinaria e ingredientes que se van a utilizar durante el desarrollo de las actividades programadas. De esta manera, el trabajo se realizará de forma rápida y simultánea.

La técnica a emplear entre los diferentes tipos de hojaldre nos permitirá la obtención de un hojaldre característico, por ello es tan importante el proceso de elaboración. Este epígrafe se va a basar en la elaboración del hojaldre clásico, conocido como hojaldre de mantequilla, por ser el más usado y común.

Receta

Hojaldre de mantequilla

Preparación del empaste y grasa

1. Tamizar la harina sobre la mesa de trabajo y ponerla en la batidora, con la sal correspondiente.
2. Utilizar el gancho de la batidora para el amasado y añadir el agua correspondiente a la receta, poner velocidad lenta y, cuando la masa se despegue de las paredes del perol, estará a punto (empastada).
3. Una vez hecho el empaste, pesarlo y poner la mitad de peso de grasa.
4. Trabajar la grasa con las manos sobre la mesa de trabajo, previamente espolvoreada con harina para que no se pegue a la mesa, y aplastarla, dándole forma cuadrada.
5. Hacer en la masa una incisión en forma de cruz, estirarla con el rodillo, alargando las puntas y dejando el centro con más grosor.

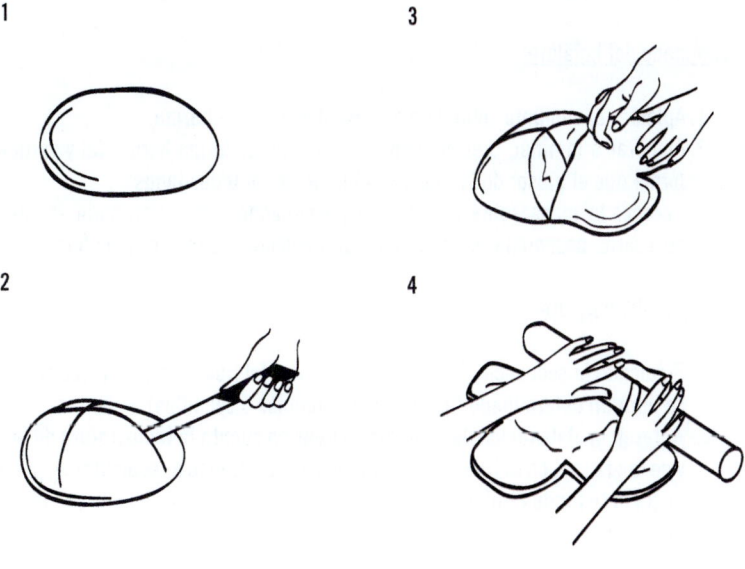

Continúa en página siguiente >>

<< Viene de página anterior

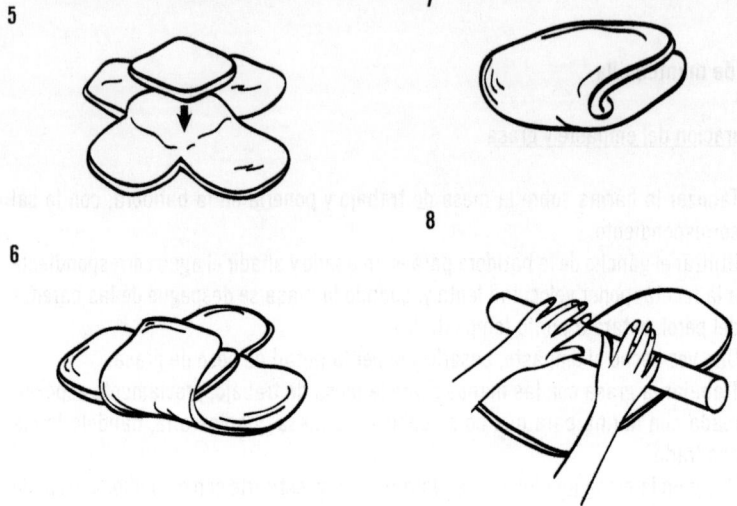

5

7

6

8

6. Poner la grasa en el centro y cerrar con los extremos de la masa, para que quede bien envuelta.

Laminado del hojaldre

1. Aplastar el conjunto sobre la mesa espolvoreada de harina.
2. Empezar a laminar, presionando con el rodillo de forma horizontal y vertical, de forma que el grosor de la masa sea uniforme por todos lados.
3. Recoger la masa sobre el rodillo, espolvoreando con harina cada vez que sea necesario, desenrollar la masa y seguir haciéndola cada vez más fina.

Pliegues del hojaldre

1. Siguiendo la secuencia descrita, y en función del tipo de hojaldre que se elabore, se dará un determinado tipo de vueltas (dobles o sencillas).
   Nota: en la elaboración del hojaldre se tiene en cuenta la temperatura de la masa y de la grasa. Con la fricción del rodillo la mezcla tiende a recalentarse, por lo que la grasa se funde y trabajarla uniformemente resulta difícil. Por ello es conveniente dejar reposar la masa en la cámara de refrigeración cada vez que se da una vuelta.

 **Ejemplo**

Hojaldre con cuatro vueltas

Serán dos vueltas sencillas con tres pliegues y dos vueltas dobles con cuatro pliegues. Las vueltas sencillas y dobles se alternan.

Hojaldre

El total de capas de este hojaldre es de:

- 1.ª vuelta sencilla: 3 capas de grasa.
- 1.ª vuelta doble: 3 x 4 = 12 capas de grasa.
- 2.ª vuelta sencilla: 12 x 3 = 36 capas de grasa.
- 2.ª vuelta doble: 36 x 4 = 144 capas de grasa.

Piezas más comunes, dulces y saladas

Las piezas más usuales que se elaboran con hojaldre se relacionan a continuación. En todo momento se tendrá en cuenta que la calidad del hojaldre la determina la:

- ■ **Friabilidad:** capacidad de desmenuzarse con facilidad.
- ■ **Palatabilidad:** cualidad del alimento de ser grato al paladar.

Receta

Milhojas

Elaboración

1. Son piezas de hojaldre, de diversas formas, que una vez cocidas en el horno, a 220 ºC, se cortan horizontalmente y se rellenan de crema pastelera, merengue, etcétera.
2. Por último, se cubren con azúcar lustre, cacao, crema de chocolate, etcétera.

 Receta

Palmeras

Elaboración

1. Tomar un trozo de hojaldre y estirarlo de forma rectangular, con un grosor de 4 mm aprox., darle una vuelta sencilla.
   Nota: para elaborar palmeras se pueden aprovechar recortes de otras elaboraciones.
2. Humedecer la superficie con agua, por ambas caras, para que pegue el hojaldre al doblarlo.
3. Espolvorear con azúcar y doblar hacia dentro los dos extremos, enrollando.
4. Cortar las palmeras a 1 cm de ancho y colocarlas en la lata de cocción, previamente aceitada.
5. Cocer a horno medio a 160º, dándoles la vuelta.

Receta

Vol au vents

Elaboración

1. Estirar el hojaldre con el rodillo a un grosor de 3 mm y cortar discos de 3 cm de diámetro con la ayuda de un cortapastas (liso o rizado).
2. Colocar los discos en una lata de hornear, humedecida, y pinchar con la ayuda de un tenedor.
3. Humedecer los bordes del disco, con la ayuda de una brocha y agua.
4. Con otro disco de masa de las mismas medidas y con un cortapastas más pequeño que el anterior, cortar otro disco que se descarta, utilizando lo que queda fuera del corta pastas, superponiéndolo en los discos anteriores.
5. Pintar con huevo las piezas y cocer a 200 ºC hasta que doren.
   Nota: los *vol au vents* se pueden utilizar tanto para rellenos dulces como salados.

 Receta

Cañas

Elaboración

1. Estirar tiras de hojaldre de 3 mm de grosor y de 30 cm de largo por 6 de ancho.
2. Con manga pastelera y boquilla lisa, poner una tira gruesa de crema pastelera o crema de chocolate.
3. Humedecer los bordes de la masa con agua y enrollar.
4. Colocar en latas de horno engrasadas y pintar con huevo, realizando 3 o 4 cortes en la superficie sin llegar al relleno interior.
5. Cocer a 190 ºC y, cuando empiecen a dorar, espolvorear de azúcar lustre.
6. Una vez frías, se pueden abrillantar con gelatina de manzana, se pueden poner fideos de chocolate, azúcar glas, etcétera.

Receta

Cornetes

<u>Elaboración</u>

1. Estirar tiras de hojaldre de 3 mm de grosor y de 10 cm de largo por 2 cm de ancho.
2. Enrollar en *cornet* de acero inoxidable en forma de espiral.
3. Poner en placas de hornear, con el extremo hacia abajo para que no se abran en la cocción, y pintar con huevo.
4. Cocer a 220 ºC.
5. Terminar rellenando.

Receta

Herraduras

<u>Elaboración</u>

1. Estirar tiras de hojaldre de 3 mm de grosor y de 30 cm de largo por 5 de ancho.
2. Con manga pastelera y boquilla lisa, poner un punto de crema pastelera.
3. Pintar con huevo los bordes de la masa y doblar los extremos, pegando ambos y presionando para que sellen.
4. Doblar en forma de herradura y hacer unas incisiones con la puntilla para que se abran durante la cocción.
5. Colocar en latas de pastelería engrasadas y, cuando empiezan a dorar, espolvorear con azúcar glas.
6. Cocer a 220 ºC.

Receta

Cocas

Elaboración

1. Estirar tiras de hojaldre de 3 mm de grosor y de 15 cm de largo por 15 de ancho. También del tamaño de la lata para hornear.
2. Poner una capa de cabello de ángel y espolvorear con azúcar.
3. Cocer a horno 220 ºC.
4. Una vez fría, pintar con gelatina de manzana o jalea de frutas.

Receta

Forros de molde

Elaboración

1. Se selecciona el molde que se va a utilizar (pudin, *plum cake)* y se humedece.
2. Se estira el hojaldre a un grosor de 2 mm, se recoge la masa con el rodillo y se deposita sobre el interior del molde seleccionado, con presión de las manos, dando forma al hojaldre con el molde, retirando lo que sobresalga de los bordes del molde. *Nota:* este tipo de elaboración es propia de pastelería salada, como patés.

Molde de masa para hornear

Molde de masa horneado

Receta

Empanadas dulces o saladas

Empanadillas dulces

Elaboración

1. Estirar hojaldre de 2 mm de grosor y cortar con cortapastas de 3 cm de diámetro, humedeciendo los bordes.
2. Colocar en el centro cabello de ángel, mazapán etcétera. Doblar sobre sí misma la masa para pegar. Es opcional puntear los bordes con tenedor, o hacer pliegues con los dedos.
3. Pintar con huevo y cocer en horno a 220 ºC.

Empanada salada

Elaboración

1. Es el mismo proceso que la anterior, pero poniendo una lámina de hojaldre de base.
2. A continuación, poner el relleno elegido, que puede ser de carne, pescado, verduras, etcétera.
3. Terminar con otra capa de hojaldre.
4. La cocción es a 180 ºC, ya que estas elaboraciones suelen ser de mayor tamaño.

4.2. Proceso general de elaboración de masas batidas

Según la reglamentación técnico-sanitaria, las masas batidas son masas esponjadas por harina, huevos y azúcar, depositadas en moldes y cocidas con calor. En algunos casos pueden llevar impulsor y grasas.

La esponjosidad que las caracteriza se consigue exclusivamente por la intensidad del batido y por el empuje que adquiere la masa en el horno.

Este tipo de masas se utilizan tal cual *(plum cake,* magdalenas, franchipán) o forman parte de otras elaboraciones más complejas (tartas, pasteles, etcétera).

 Definición

Franchipán

Masa de huevos, mantequilla y harina de almendra, emulsionada que se utiliza como relleno base en tarta con forro de pasta brisa.

 Receta

Masa batida

Elaboración

1. Emulsionar, en la batidora o con la varilla, huevos y azúcar mezclados. Cuando se hace este proceso la mezcla va absorbiendo aire, que retiene en el interior y hace que aumente de volumen, se vuelva blanquecina y esponje.
2. Mezclar lo que se denomina la carga: harina y almidón con la emulsión anterior; es una operación delicada.
3. Tamizar la carga sobre el batido y mezclar de forma envolvente. El objetivo es conseguir retener la mayor cantidad de aire posible.
4. Una vez puesto en su molde, pasar al horno. Aquí termina de esponjar con la ayuda del calor del aire retenido que hace que aumente de volumen y que tienda a salirse, lo que provoca el aumento del bizcocho. Esta subida coge consistencia y se mantiene por la estructura que forma el huevo y la harina al coagular y gelificar por el calor.

4.3. Proceso general de elaboración de masas escaldadas

La elaboración de este tipo de masa se entiende mejor explicando la ficha técnica de una receta.

Receta

Pasta *choux* o *petisú*

Ingredientes

- Agua 1000 g
- Harina floja 800 g
- Huevos 24 uds. aprox.
- Mantequilla 250 g
- Manteca de cerdo 250 g
- Sal 10 g

Elaboración

1. Esta receta puede sufrir variantes en cuanto a su composición. Se puede emplear manteca de cerdo o mantequilla, individualmente, sin tener que ir mezcladas las dos grasas, incluso aceite, en detrimento de la calidad final del producto.
2. Poner a hervir en un recipiente apropiado (perol de medio punto) agua, sal y grasa (manteca de cerdo y mantequilla).
3. Cuando comienza la ebullición, tener la harina previamente tamizada y añadir al cazo de golpe toda la harina de una sola vez.
4. Trabajar enérgicamente con la espátula o cuchara de madera, removiendo constantemente, hasta que la masa se despegue de las paredes del cazo y forme una masa unida y compacta.
5. Una vez retirada del fuego y enfriada la masa, colocar en la batidora con el gancho a velocidad intermedia. Añadir los huevos de dos en dos (no poner más cantidad, hasta que no se mezclen bien los anteriores). Al final del proceso, añadir de uno en uno, para evitar poner más huevos de los necesarios.
6. Comprobar el punto de la masa, levantando con una espátula una porción de la misma; al hacerla caer lo hará lentamente y formando un cordón en forma zigzagueante.
7. Poner en manga pastelera, con el tipo de boquilla que precise (lisa, rizada o con un grosor determinado), y escudillar sobre latas de horno previo engrasado de las mismas (con manteca de cerdo fundida y la ayuda de una brocha).
8. Cocer a 220 ºC con más techo que suelo y el tiro del horno abierto.

 **Nota**

Los hornos actuales de pastelería-panadería tienen la posibilidad de controlar la temperatura y su distribución en la cámara de cocción a través de sus resistencias en la parte superior, en la base, y en la boca del horno, por lo que lo hacen único para la homogenización de todos los productos a cocer.

De igual manera, el tiro del horno es un mecanismo que permite abrir o cerrar una pequeña abertura situada en la parte superior, permitiendo realizar la cocción de los productos con la opción de evacuar el vapor de agua contenido en ellos.

4.4. Proceso general de elaboración de masas azucaradas

Masas azucaradas son las compuestas fundamentalmente a base de harina, aceite, otras grasas y azúcares comestibles. Tienen la particularidad de poseer una textura, terrosa o arenosa, es decir, en la boca se experimenta una sensación de desmoronamiento de la pasta; por eso se dice que la textura es parecida a la arenisca.

Esta textura se consigue por la falta de amasado de los ingredientes. El objetivo es mezclar la harina con la grasa y el resto de ingredientes aplicando el menor trabajo posible, evitando que el gluten presente en la harina tome consistencia y forme ligazón, con lo que desaparecería la textura anteriormente descrita.

Dentro de estas masas azucaradas, destacan las pastas de té, junto con las minerdices o *petits fours,* que suelen servirse en los *coffee break* y meriendas.

 Nota

Los *petits fours* pueden ser salados.

Proceso de elaboración

Dependiendo del tipo de elaboración a realizar, la masa resultante se trabaja con el rodillo sobre la mesa de trabajo o se introduce en la manga pastelera para escudillar sobre latas de horno o moldes. Así, se pueden diferenciar tres tipos de pastas:

- Pastas de manga.
- Pastas secas.
- Pastas de savarín.

Receta

Masa azucarada

<u>Ingredientes más comunes en su elaboración</u>

- Azúcar
- Grasa
- Huevos
- Harina floja

Nota: cada una de las recetas, se desarrollará además con ingredientes determinados y diferentes (aromatizantes, frutos secos, lácteos, licores, etcétera).

<u>Elaboración</u>

1. Colocar en la batidora con el gancho y velocidad lenta, mantequilla, huevos y azúcar. Amasar. También se puede realizar en la mesa de trabajo y amasando con las manos sin ayuda de amasadora.
2. Tamizar la harina y añadir a la batidora. Empastar el conjunto sin dar mucho trabajo.
3. Reposar el empaste envuelto en papel plástico hasta que adquiera consistencia (en el caso de pastas secas).

Continúa en página siguiente >>

<< Viene de página anterior

4. Trabajar el empaste sobre la mesa enharinada, espolvorearla con harina y laminar la masa con el rodillo (pastas secas).

5. Poner en la manga pastelera para escudillar (pastas de manga). En este caso la masa es más líquida, por lo que las cantidades en los ingredientes serán diferentes con respecto de las pastas secas.

4.5. Proceso general de elaboración de semifríos

Para la elaboración de semifríos las premisas y fases más importantes a destacar son:

- Se sirven en estado sólido o semisólido con una textura y esponjosidad que se ha de mantener desde la fase de conservación, una vez terminado el proceso de fabricación, hasta el momento de servirlos, sin romper en ningún momento la cadena de frío.
- El ingrediente básico, la nata, se montará con mayor o menor consistencia dependiendo del tipo de semifrío a elaborar y teniendo en cuenta que se puede sustituir parcialmente por otros ingredientes como merengues o claras montadas a punto de nieve en determinadas recetas.
- El montado de la nata requiere de especial cuidado: un exceso de batido cortaría la nata separando el suero por un lado y la mantequilla por otro (disociar). Si queda poco montado el preparado podría quedar demasiado licuado.
- La temperatura de las yemas será moderada. Se han de pasteurizar, pero no llegar a hervir, ya que se coagulan, dando como resultado cremas con grumos (pasta bomba) lo que afectará a la textura final del preparado.
- La gelatina, como ingrediente estabilizante, colabora en la estructura y consistencia del preparado, por lo que la congelación le afectará de forma negativa.

Tipos de semifríos

Las cuatro variantes de semifrío más conocidas en la actualidad son:

- *Bavaroises.*
- Carlotas.
- *Mousses* o espumas.
- *Parfaits.*

Nota

Existe una gran variedad dentro de cada uno de ellos, dependiendo del ingrediente saborizante que se utilice.

4.6. Proceso general de elaboración de cremas con huevos

En el proceso de elaboración de este tipo de cremas, una de las fases más importantes va a ser el tratamiento térmico que se va a aplicar a la crema y que está en función de la crema a realizar.

Ejemplo

Una crema inglesa no debe llegar al punto de ebullición, porque se cortaría, quedando una crema grumosa al coagularse el huevo; pero, en cambio, se ha de tener la certeza de que ha superado los 75 °C en el centro de la crema para evitar contaminaciones por salmonela.

Fases más importantes en la elaboración de una crema espesada por huevos y almidones

- Poner la leche a hervir (reservando 1/5 del total), infusionándola con los aromatizantes.
- Mezclar, en un recipiente semiesférico o de medio punto, el azúcar y los almidones. Mezclar bien con el batidor y añadir la leche que se ha reservado, remover con batidor hasta diluir por completo la mezcla.
- En este punto, agregar el huevo y batir bien la mezcla hasta conseguir una papilla.
- Una vez infusionada y hervida la leche, añadir a la papilla anterior fuera del fuego, sin parar de remover hasta diluir por completo la mezcla. Pasar el conjunto por un chino y volver a poner al fuego hasta que rompa a hervir la crema. Cuando ha cogido consistencia se retira del fuego y se enfría:

  - Directamente en el abatidor de temperaturas.
  - Volcando la crema sobre la mesa, que estará escrupulosamente limpia para que se airee y enfríe con rapidez.

- Una vez fría la crema recoger en un recipiente apropiado con cierre hermético o taparla totalmente con papel film y reservarla en refrigeración hasta el momento de la manipulación.

4.7. Proceso general de elaboración de cremas batidas

En el proceso de elaboración de este tipo de cremas, una de las fases más importantes va a ser el batido que se le va a aplicar a la nata y que está en función de la crema a realizar.

El proceso de batido de la nata ha de ser cuidadoso, ya que el exceso del mismo puede cortar la nata separando sus componentes. Asimismo, hay que tener en cuenta que, al mezclar con el resto de ingredientes, esta corre el riesgo de cortarse.

En el caso de que lleve huevos en su composición, caso de las *mousses,* estos han de ser pasteurizados.

En el caso de llevar algún ingrediente que haya sido sometido al calor, se tendrá la precaución de hacer la mezcla con la nata a temperatura moderada, para que esta no pierda la consistencia y se baje.

Fases más importantes en la elaboración de cremas batidas

- Poner la nata en la batidora hasta que monte y mezclarla con el resto de ingredientes hasta que quede homogénea la mezcla.
- En el caso de las *mousses,* si llevan huevo en su composición, darle un tratamiento térmico de 75 °C como mínimo y después mezclar con la nata y el resto de ingredientes.
- En el caso de las cremas con frutos secos (avellana, almendras etcétera), pasar estos por la refinadora y después hacer la mezcla con la nata.

5. Parámetros de control de los distintos procesos de elaboración

Para conseguir que una elaboración culmine con éxito hay que asegurar la conservación y manipulación correcta de los alimentos, controlando su higiene. Los parámetros a controlar no solo dictan acciones en las que se manipulan los alimentos, sino que la compra, la recepción, el almacenamiento, etcétera, también forman parte de estos parámetros. Por ello, y para hacerlo más explicativo, se presenta a continuación un cuadro en el que se puede ver con más detalle la forma de manipular y conservar los alimentos.

5.1. Diagrama de flujo asegurando los análisis y parámetros críticos de control en la conservación de géneros y elaboraciones básicas de pastelería

Este cuadro es válido para los alimentos en general, aunque aquí solo se utilice en productos de pastelería.

INFORMACIÓN DEL DEPARTAMENTO DE SANIDAD SOBRE CONTROL DE LA HIGIENE EN LA PREPARACIÓN DE LOS ALIMENTOS

Etapas	Riesgos	Acciones
1. Compras	Alimentos de alto riesgo preparados para consumir contaminados por bacterias o toxinas que provocan intoxicaciones alimenticias. Las toxinas son venenos de las bacterias.	Comprar en suministros fiables. Especificar temperatura máxima en la entrega.
2. Recepción de alimentos	Alimentos de alto riesgo preparados para consumir contaminados por bacterias o toxinas que provocan intoxicaciones alimenticias.	Comprobar si es correcto el aspecto, el olor y las sensaciones. Comprobar si es correcta la temperatura.
3. Almacenamiento	Crecimiento de bacterias que provocan intoxicaciones alimenticias y forman toxinas en los alimentos.	Almacenamiento a temperatura correcta. Envolver si procede. Etiquetar con fecha de entrada. Renovar existencias usando en fecha recomendada.
4. Preparación	Alimentos que pueden estar contaminados.	Lavarse las manos antes de manipularlos. Limitar la exposición a temperatura ambiente durante la preparación. Preparar con equipo idóneo para este menester.
5. Cocinado	Supervivencia de bacterias que provocan intoxicaciones alimenticias.	Dar a los huevos tratamiento térmico de manera que la parte interior del preparado alcance una temperatura superior a los 70°. Limpiar las superficies antes de su cocinado.
6. Enfriado	Crecimiento de esporas supervivientes o de bacterias que producen intoxicaciones alimenticias.	Enfriar los alimentos tan rápidamente como sea posible. No dejarlos enfriar a temperatura ambiente, a menos que el enfriamiento sea rápido, por ejemplo, el tocino de cielo en bandejas poco profundas. Enfriar rápidamente a temperaturas bajas.
7. Mantenimiento de calor	Crecimiento de bacterias que provocan intoxicaciones alimenticias. Producción de venenos provocadas por bacterias.	Mantener los alimentos calientes por encima de 65°, sobre todo en pastelería salada.
8. Regeneración	Supervivencia de las bacterias que provocan intoxicaciones alimenticias.	Recalentar por encima de los 75°.
9. Almacenado en frío	Crecimiento de bacterias que provocan intoxicaciones.	Mantener la temperatura a niveles correctos. Etiquetar los alimentos de alto riesgo, preparados para consumir en la fecha correcta.
10. Servicio	Crecimiento de bacterias que causan enfermedades. Producción de venenos producidos por bacterias. Contaminación.	Servicio de alimentos fríos: servir los alimentos de alto riesgo tan pronto como sea posible tras sacarlos del frigorífico, para evitar que cojan temperatura. Alimentos calientes: servir los alimentos de alto riesgo para evitar que se enfríen.

6. Principales anomalías, causas y posibles correcciones

Este epígrafe se basa en la clasificación ofrecida por el Real Decreto 496/2010, de 30 de abril, enumerando las principales anomalías, causas y posibles correcciones en los diferentes tipos de masas.

6.1. Principales anomalías, causas y posibles correcciones en masas hojaldradas

En la elaboración del hojaldre son muchos los pasos a dar y muchos los fallos que se pueden cometer. Por ello, hay que prestar especial atención en su elaboración.

Es muy importante el estudio de las causas por las que el hojaldre puede resultar defectuoso. Por ello hay que tomar una serie de precauciones que se han de tener en cuenta para conseguir un buen trabajo.

Importante

Respetar los tiempos de reposo, la temperatura de las masas y las proporciones adecuadas de ingredientes, son los primeros pasos a tener en cuenta.

Defectos

- Empaste duro, se desprende de las paredes de la batidora y del gancho porque no se han pesado correctamente los ingredientes. En este caso, se ha puesto menos agua o más harina.
- Empaste blando, no se desprende de las paredes de la batidora ni del gancho porque no se han pesado correctamente los ingredientes. En este caso, lo más probable es que se haya puesto más agua o menos harina.

- La masa toma forma ovalada debido a una mala manipulación del rodillo.
- La masa no se adhiere al dar las vueltas, formando una masa compacta por exceso de harina.
- Durante la cocción las piezas dan la sensación de freírse porque pierden grasa.
- Las piezas se encogen mucho al cortarlas porque la harina tiene mucha fuerza.
- Las piezas toman poco volumen porque la harina es floja o no se han dado las vueltas correctamente.

Correcciones

- **Empaste duro:** añadir mantequilla y agua necesaria, dependiendo de la cantidad de masa que se elabora (100 ml por kilo de harina).
- **Empaste blando:** añadir vinagre y harina, dependiendo de la cantidad de masa que se elabora.
- **La masa toma forma ovalada:** adelgazar el centro y extender los extremos en sentido vertical.
- **La masa no se adhiere:** cepillar la harina que hay en la superficie antes de dar el doblez al hojaldre.
- **Fritura en la cocción:** dar alguna vuelta más al hojaldre.
- **Se encoje:** es necesario dejar un tiempo de reposo antes de la cocción.
- **Toma poco volumen:** la harina es demasiado extensible o floja. Se cambiará en lo sucesivo por una harina más tenaz. También cabe la posibilidad de no haber realizado bien el trabajo, por ejemplo, haber dado más vueltas de las idóneas.

6.2. Principales anomalías, causas y posibles correcciones en masas batidas

Hay una serie de precauciones que se han de tener en cuenta para conseguir un buen trabajo. Si se conocen las razones de por qué pueden salir mal las cosas tal vez se puedan evitar.

Anomalías

- El bizcocho se hunde por el centro y no esponja.
- El bizcocho se quema por encima y además de hundirse queda crudo en el interior.
- Bizcocho seco y sin volumen.
- Bizcocho apelmazado y sin volumen.

Causas

- Abrir el horno en mitad de la cocción.
- Cocer con horno muy fuerte y con el techo a más temperatura que el suelo.
- Cocer con horno muy bajo.
- Falta de emulsión en el batido.

Correcciones

- No abrir el horno durante la cocción. El motivo del hundimiento del bizcocho es que aún no se ha formado una estructura, por la gelificación del almidón o por coagulación del huevo.
- Regular los parámetros de temperatura, el suelo se pone más alto que el techo del horno.
- Cocer con horno a temperatura indicada.
- Batir a marcha rápida en la batidora y dejar un tiempo considerable para que el batido coja aire suficiente y esponje.

6.3. Principales anomalías, causas y posibles correcciones en masas escaldadas

La imprecisión de la receta referida a esta masa hace que en muchas ocasiones no se obtenga un producto de la máxima calidad observándose algunas anomalías. No obstante, además de la formulación, el proceso de elaboración puede causar ciertas anomalías, pudiéndole asociar posibles correcciones, todas ellas descritas a continuación:

Anomalías

- Masa demasiado líquida.
- Masa demasiado dura.
- Pérdida de volumen de las piezas.
- Piezas doradas por fuera y crudas en el interior.
- Piezas que han absorbido mucho aceite.

Causas y correcciones

- Se ha puesto más cantidad de huevos de los necesarios. Peso o volumen incorrecto en la incorporación de los ingredientes al realizar la masa (harina, agua, grasa).Controlar el punto de la masa, controlar los pesos de los ingredientes.
- Se ha puesto menos cantidad de huevos de los necesarios. Peso o volumen incorrecto en la incorporación de los ingredientes al realizar la masa (harina, agua, grasa). Controlar el punto de la masa, controlar los pesos de los ingredientes.
- La temperatura del horno es baja, la masa está muy líquida. Corregir la temperatura del horno, controlar el punto de la masa.
- La temperatura del horno es muy elevada, la temperatura del aceite es muy alta. Cocer a temperatura indicada.
- La temperatura del aceite es muy baja, las piezas se han escurrido sin rejilla. Corregir la temperatura del aceite, escurrir correctamente.

6.4. Principales anomalías, causas y posibles correcciones en masas azucaradas

Los productos elaborados a partir de masas azucaradas requieren un especial control de la temperatura de sus ingredientes grasos, así como tiempos específicos de elaboración permitiendo un correcto amalgamado de sus ingredientes; no obstante, no son las únicas causas relacionadas con la aparición de posibles anomalías, sino que también se relacionan con:

Anomalías

- La mezcla se corta o se endurece.
- Las piezas no desarrollan en el horno.
- Las piezas se hunden.
- La masa es correosa.
- La masa es blanda.

Causas y correcciones

- **La mezcla se corta o se endurece:** puede ser causado por la adición de los huevos muy deprisa y no dar tiempo a la masa para amalgamarlos o bien porque la mantequilla está demasiado fría. En ambos casos, se deberá aplicar calor en la base del perol y batir enérgicamente.
- **El horno está flojo, la masa muy dura:** tiene exceso de grasa, la harina puede ser de fuerza, añadir más huevos.
- **Le falta cocción:** dar más tiempo de horno.
- **Demasiado trabajo al amasar:** hacer de nuevo la masa.
- **Grasa con punto de fusión bajo, huevos con mucha agua:** refrigerar y añadir harina.

6.5. Principales anomalías, causas y posibles correcciones en semifríos

Las principales anomalías y sus correcciones en el proceso de elaboración de los semifríos se asocian principalmente al batido de los elementos emulgentes y la adición de la gelatina. Se tienen como más destacados:

Anomalías

- La nata se corta durante el batido.
- Las claras se rizan durante la operación de montado.
- La crema del semifrío se cuaja.
- La crema no se cuaja.
- En la primera fase de las elaboraciones, antes de mezclar con la nata, la crema se cuaja o solidifica.

Correcciones

- La nata se corta por el exceso de batido dando lugar a dos componentes distintos: el suero y la mantequilla de la leche. Se ha de dar el batido necesario teniendo en cuenta que se va a seguir batiendo durante la mezcla con la crema hasta que sean homogéneas ambas mezclas.
- Las claras se rizan por exceso de trabajo durante el batido o porque contengan impurezas, como restos de yema al desclarar los huevos o que el recipiente no esté limpio. Es aconsejable poner unas gotas de vinagre, porque ayudan al montado de las mismas.
- La crema se cuaja por exceso de frío al demorar el tiempo de manipulación a la hora de depositar en los moldes y también por el exceso de gelatina. Se debe secuenciar el tiempo de manipulación de la crema y dosificar correctamente la gelatina.
- La crema no se cuaja por falta de gelatina en su composición. Rectificar la cantidad de gelatina en la receta.
- En la primera fase de las elaboraciones, antes de mezclar con la nata, la crema se cuaja. El proceso es reversible. Si se cuajase la crema, bastará con aplicar calor al recipiente que contiene la crema para que la gelatina se funda.

7. Resumen

Este capítulo, uno de los más extensos, es por otra parte el más práctico, pues en él se desarrollan los principales tipos de masas y se exponen algunas recetas interesantes para su realización. Hay que recordar que estas recetas pueden ser modificadas, adaptadas y complementadas con otros muchos productos, pero siempre teniendo presente que son las recetas básicas, a partir de las cuales puede experimentarse.

Por otro lado, se ha hecho referencia a los parámetros de control establecidos por el Ministerio de Sanidad, que siempre habrá que tener presentes en todo momento y no solo durante la fase final o inicial.

Para finalizar, se han estudiado y presentado las anomalías, causas y posibles correcciones de estas elaboraciones, desarrollando los métodos más adecuados.

Ejercicios de repaso y autoevaluación

1. **Las masas hojaldradas se caracterizan por:**

   a. Contener una gran cantidad de azúcar.
   b. Contener una gran cantidad de harina.
   c. Contener una considerable cantidad de grasa y por la facilidad formar láminas de grasa y masa.
   d. Ser masas que toleran muy bien la fermentación.

2. **En los procesos de elaboración del hojaldre hay tres pasos importantes que son:**

   a. Preparación del empaste, cocción de la masa, fermentación de la masa.
   b. Preparación del empaste y grasa, fermentación del hojaldre, abrillantado de las piezas.
   c. Laminado del hojaldre, hidratado de la harina, conservación de la masa.
   d. Preparación del empaste y la grasa, laminado del hojaldre, pliegues del hojaldre.

3. **Cuando un empaste de hojaldre es demasiado duro se corrige...**

   a. ... añadiendo vinagre y harina.
   b. ... adelgazando el centro.
   c. ... se da una vuelta más.
   d. ... añadiendo mantequilla y agua.

4. **Si un bizcocho se hunde por el centro durante la cocción...**

   a. ... la temperatura del techo es alta.
   b. ... se ha abierto el horno, en mitad de la cocción.
   c. ... le falta sal en la elaboración.
   d. ... no suele ocurrir esto.

5. **La diferencia entre los ingredientes de un bizcocho de plancha y un *plum cake* es:**

   a. La harina.
   b. El cacao.
   c. La grasa.
   d. El impulsor.

6. **La pasta choux, es una elaboración culinaria de origen...**

   a. ... español.
   b. ... inglés.
   c. ... francés.
   d. ... ruso.

7. **La principal característica de las masas azucaradas es:**

   a. El aroma de vainilla.
   b. La textura terrosa de las piezas, que se desmoronan en la boca.
   c. Que en su composición interviene el cacao.
   d. La leche que se utiliza ha de ser desnatada.

8. **¿Qué es la quiche lorraine?**

   a. Un producto derivado del chocolate.
   b. Una tarta salada, hecha con pasta brisa salada.
   c. Una elaboración hecha con hojaldre.
   d. Un ingrediente de las masas escaldadas.

9. **La masa de una pasta de manga es correosa al terminar de amasar cuando...**

   a. ... la harina no se ha tamizado.
   b. ... hay un exceso de trabajo durante el amasado.
   c. ... la grasa es de origen vegetal.
   d. ... hay un exceso de impulsor en la masa.

10. Sopa de letras.

Busque el nombre de 4 semifríos en la siguiente sopa de letras y describa su principal característica.

Q	B	A	V	A	R	O	I	S	G	J	I	Y	I
F	G	H	J	K	C	A	R	L	O	T	A	A	Z
N	B	G	H	Y	U	J	M	O	Z	O	X	D	A
P	A	R	F	A	I	T	U	I	L	A	F	U	W
E	N	T	E	R	O	N	A	N	T	O	N	I	O
R	E	Y	A	C	O	S	T	A	L	I	D	I	A
R	O	N	P	U	Y	G	F	V	H	J	K	I	Ñ
M	O	U	S	S	E	S	M	L	D	K	A	T	H

Capítulo 4

Elaboración de pastelería y repostería para colectivos especiales

Contenido

1. Introducción

Tradicionalmente el sector de la pastelería y repostería ha estado prácticamente vetado para ciertos núcleos de población con necesidades alimenticias especiales como hasta ahora han sido los diabéticos, celíacos, intolerantes al huevo y la lactosa, etcétera.

Hoy en día, gracias a los avances tecnológicos y a la nueva formulación de recetas con ingredientes modificados, estas han podido ser adaptadas a este núcleo de consumidores, ofertando un sin fin de elaboraciones adaptadas a este colectivo.

Por otro lado, y gracias a los nuevos reglamentos sobre etiquetado, el modo de vida de estas personas ha mejorado, haciéndoles la vida más fácil y segura, ya que pueden conocer en todo momento los productos que están ingiriendo.

2. Colectivos especiales en alimentación

Fundamentalmente, los colectivos especiales reconocidos y más frecuentes son:

- Diabéticos.
- Celíacos.
- Intolerantes a la lactosa.
- Intolerantes al huevo.
- Intolerantes a frutas.
- Intolerantes a frutos secos.

Diabéticos

Son personas que padecen la enfermedad de la diabetes, siendo esta una enfermedad producida por la falta total o parcial de la hormona llamada insulina, lo que provoca la no absorción de glucosa, produciéndose una menor síntesis de depósitos energéticos en las células y la elevación de la glucosa en la sangre.

Atendiendo a la edad, se distinguen dos tipos de diabetes:

Diabetes tipo I o juvenil

Aparece en edades tempranas, aunque puede manifestarse hasta los 30 años. Se caracteriza por la no producción de insulina por parte del páncreas.

Diabetes tipo II o del adulto

Suele aparecer a partir de los 40 años y se produce por la resistencia del organismo a la producción de insulina.

Recuerde

La diabetes produce la no absorción de la glucosa hallada en sangre.

Celíacos

Son individuos con dificultad para tolerar el gluten de los alimentos. Esta enfermedad es una de las enfermedades gastrointestinales más frecuentes.

Definición

Gluten
Proteína de reserva nutritiva que se encuentra en las semillas de las gramíneas junto con el almidón.

Esta enfermedad, producida por la ingestión de trigo, cebada o centeno, produce una reacción inflamatoria en la mucosa del intestino delgado.

Es crónica, por lo que el consumo deberá excluirse durante toda la vida. Por ello, habrá que excluir de la dieta el trigo y su almidón, la cebada y el centeno y establecer un consumo preferente de carnes, huevos, leche, etcétera, siendo muy importantes los cereales sin gluten, como el maíz o el arroz.

 Recuerde

Los celiacos no toleran el gluten de los alimentos.

Intolerantes a la lactosa

Esta intolerancia está producida por la no producción por parte del intestino delgado de la enzima lactosa.

 Definición

Lactosa
Tipo de azúcar que se encuentra en la leche y otros productos lácteos.

Suele aparecer en diversos momentos de la vida.

Los síntomas se manifiestan antes de 2 horas después de la ingestión de productos lácteos y se alivian no comiendo ni bebiendo estos productos.

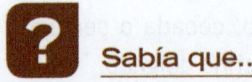

Sabía que...

La intolerancia a la lactosa no es una enfermedad, sino una alergia a los productos lácteos.

Intolerantes al huevo

Está producida por la no asimilación tanto de las proteínas de la clara como de la yema, aunque en algunas ocasiones hay pacientes que toleran la yema o el huevo entero cocido.

Esta intolerancia es común para los diversos tipos de huevos (gallina, pato, pavo, codorniz, etcétera).

Esta alergia no tiene tratamiento, por lo que se deben eliminar de la dieta el huevo en sí y los productos que lo contienen.

Intolerantes a frutas

La intolerancia a la fructosa es una condición en la que el cuerpo no produce los compuestos químicos necesarios para metabolizar esta en el hígado.

Definición

Fructosa
Azúcar de la fruta; monosacárido que, unido a la glucosa, constituye la sacarosa.

Especialmente se da en frutas de la familia de las rosáceas (melocotón, ciruela, cereza, manzana, almendra, etcétera).

Sabía que...

La manzana, la pera, el melocotón, la cereza, etcétera son de la misma familia que las rosas, perteneciendo a la familia de las rosáceas.

El zumo suele ser la causa de reacciones más evidente debido a su rápida absorción.

El tratamiento consiste en no ingerir este tipo de frutas o bien someterlas a ciertos procedimientos antes de ingerirlas, recomendando pelar la fruta ya que algunos de los mayores alérgenos se encuentran en la piel.

Intolerantes a frutos secos

Quien presenta alergia a un fruto seco suele presentar reacciones con otros frutos secos.

El cuadro sintomático que puede presentar un paciente alérgico a los frutos secos es muy amplio, con afectaciones tanto digestivas como cutáneas o respiratorias. En algunos casos, la gravedad es tal que puede llegar a producir la muerte de la persona.

El tratamiento consiste en no ingerir este tipo de frutos, aunque en la actualidad se está desarrollando una vacuna sublingual.

Definición

Vacuna sublingual
Vacuna alergénica moderna, que no precisa de inyección. Mejora la vida del paciente, reduciendo los síntomas o provocando incluso su desaparición.

3. Identificación de las principales alergias e intolerancias alimentarias

Para comenzar, se debe reseñar la clara diferencia entre alergias e intolerancias alimentarias.

La intolerancia alimentaria es la reacción que se produce tras ingerir un alimento en concreto o un ingrediente culinario, produciendo unos síntomas leves que pueden aparecer en varias horas, no siendo reconocidos o asignados a dicho alimento ingerido, de ahí la denominación de alergia escondida.

Por otro lado, la persona que tiene una alergia alimentaria debe eliminar el alimento causante de su dieta, pues este muestra su efecto de forma evidente causando graves problemas en el individuo.

Las principales alergias e intolerancias alimentarias son:

- A proteínas de la leche.
- Al huevo.
- A pescados.
- Al *anisakis*.
- A mariscos.
- A legumbres.
- A frutas y hortalizas.
- A frutos secos.
- A cereales.

 Definición

Anisakiasis
Enfermedad ocasionada por la infección de gusanos *anisakis*. Aparece con frecuencia en áreas del mundo en las que el pescado se come crudo o ligeramente salado o condimentado.

4. Formulación y ficha técnica de elaboración de los productos destinados a estos colectivos especiales

Debido a la importancia que tiene la alimentación en estos colectivos, se deberá tener en cuenta la realización de fichas o formularios en los que se presente la máxima información, evitando riesgos para el consumidor.

Los documentos que se presentan son ejemplarizantes, pues nos dan una idea de todos los datos que estas fichas pueden incluir, sabiendo en todo momento para quién puede estar destinada la elaboración a realizar o para quién está vetada.

La ficha técnica a utilizar puede ser:

FICHA N.º:				
NOMBRE RECETA:				
CONTIENE O PUEDE CONTENER				
Proteína de leche ☐	Huevo ☐	Pescado ☐	Azúcar ☐	Marisco ☐
Frutas u hortalizas ☐	Legumbres ☐	Frutos secos ☐	Cereales ☐	Gluten ☐

INGREDIENTES:_____**Pax**				**MÉTODO DE ELABORACIÓN**
	Cant.	Unid.	Prec Unit. €	Precio total €	
Coste materia prima para___Pax			_____ €	
Coste materia prima unitario			_____ €	
Duración de la elaboración:				

4.1. Algunas fichas técnicas ejemplarizantes

FICHA N.º: *001*

NOMBRE RECETA: *BIZCOCHO*

CONTIENE O PUEDE CONTENER				
Proteína de leche ☐	Huevo ☒	Pescado ☐	Azúcar ☒	Marisco ☐
Frutas u hortalizas ☐	Legumbres ☐	Frutos secos ☐	Cereales ☒	Gluten ☒

INGREDIENTES:_____Pax					MÉTODO DE ELABORACIÓN
	Cant.	Unid.	Prec Unit. €	Precio total €	*Una vez preparado el puesto de trabajo, emulsionamos los huevos batiendo enérgicamente hasta que esponje añadiendo el azúcar.*
Harina repostería	*65*	*g*			
Fécula de maíz	*60*	*g*			*Pasar por tamiz la harina y la fécula.*
Huevos	*4*	*uds.*			
Azúcar	*110*	*g*			*Mezclar la carga de la harina con los huevos. Rellenar el molde engrasado y enharinado con ayuda de una manga con la técnica del escudillado.*
					Cocer en horno durante 10 minutos a 180 ºC.
Coste materia prima para___Pax			_____ €		
Coste materia prima unitario			_____ €		
Duración de la elaboración:					

FICHA N.º: *002*

NOMBRE RECETA: *GALLETAS*

CONTIENE O PUEDE CONTENER				
Proteína de leche ☒	Huevo ☒	Pescado ☐	Azúcar ☒	Marisco ☐
Frutas u hortalizas ☒	Legumbres ☒	Frutos secos ☐	Cereales ☒	Gluten ☐

INGREDIENTES:_____Pax

	Cant.	Unid.	Prec Unit. €	Precio total €
Harina repostería sin gluten	1	kg		
Margarina	600	g		
Azúcar	250	g		
Huevos	4	uds.		
Leche de soja	100	ml		
Ralladura limón	c/s			
Coste materia prima para___Pax			_____€	
Coste materia prima unitario			_____€	
Duración de la elaboración:				

MÉTODO DE ELABORACIÓN

Una vez preparado el puesto de trabajo pasar la harina por un tamiz y poner en forma de volcán.

Añadir en el centro del volcán el resto de ingredientes (la mantequilla en pomada).

Amasar hasta obtener una masa homogénea y dejar reposar en la cámara.

Estirar y dar forma deseada con ayuda de un cortapastas. Cocer al horno fuerte 180 ºC durante 10–15 minutos.

FICHA N.º: *003*

NOMBRE RECETA: *EMPANADILLAS CON PISTO*

CONTIENE O PUEDE CONTENER				
Proteína de leche ☒	Huevo ☒	Pescado ☒	Azúcar ☐	Marisco ☐
Frutas u hortalizas ☒	Legumbres ☐	Frutos secos ☐	Cereales ☒	Gluten ☐

INGREDIENTES:_____Pax

	Cant.	Unid.	Prec Unit. €	Precio total €
Harina repostería sin gluten	250	g		
Manteca cerdo	50	g		
Vino blanco	100	ml		
Sal	1	g		
Relleno pisto	180	g		

Nota: El vino puede tener trazas de pescado, huevo o leche, por su clarificación

Coste materia prima para___Pax	_____ €
Coste materia prima unitario	_____ €

Duración de la elaboración:

MÉTODO DE ELABORACIÓN

Una vez preparado el puesto de trabajo, tamizamos la harina y la sal y realizamos un volcán.

Añadimos la manteca de cerdo en pomada y el vino blanco.

Amasamos hasta obtener una masa consistente. Dejamos reposar y estiramos con la ayuda de un rodillo.

Cortamos con corta pastas y rellenamos con el pisto. Pintamos los bordes con agua y doblamos por la mitad.

Freímos en abundante aceite, nuevo, bien caliente.

Servimos.

FICHA N.º: *004*

NOMBRE RECETA: *PAN DE MOLDE*

CONTIENE O PUEDE CONTENER				
Proteína de leche ☒	Huevo ☐	Pescado ☐	Azúcar ☒	Marisco ☐
Frutas u hortalizas ☐	Legumbres ☒	Frutos secos ☐	Cereales ☒	Gluten ☐

INGREDIENTES: _____ Pax					MÉTODO DE ELABORACIÓN
	Cant.	Unid.	Prec Unit. €	Precio total €	Una vez preparado el puesto de trabajo, tamizamos la harina.
Harina repostería sin gluten	1	kg			
Sal	15	g			Añadimos la masa madre y la mantequilla.
Masa madre	200	g			Amasamos.
Mantequilla	50	g			Disolvemos en agua el azúcar
Azúcar	20	g			y la levadura. Añadimos a la
Levadura prensada	40	g			masa. Amasamos y dejamos reposar 30 minutos.
Agua	450	ml			
Leche	200	ml			Amasamos la masa y dejar fermentar durante 30 minutos.
					Moldeamos la masa en un molde de pan. Tapar.
					Fermentar y cocer durante 45 min. A 180 ºC.
Coste materia prima para____Pax			_____€		
Coste materia prima unitario			_____€		Desmoldar y dejar enfriar.
Duración de la elaboración:					

4.2. Ficha técnica de los alimentos de producción nacional

Anteriormente se ha presentado una posible ficha técnica de control para identificar las elaboraciones y saber qué ofrecer o no a los clientes, considerando que se puede estar poniendo en peligro sus vidas.

Otro aspecto importante a tener en cuenta es la información que nos ofrecen los productos que adquirimos. Así, en toda ficha técnica de alimentos, y según la normativa existente, deberán recogerse los siguientes datos:

- Fecha.
- Nombre del producto.
- Marca comercial.
- Fabrica productora y dirección.
- Empresa productora.
- Ingredientes en % en orden decreciente.
- Aditivos alimentarios, dosis añadida por 100 g de producto, detallando el nombre del aditivo, su función y número.
- Especificaciones fisicoquímicas.
- Límite de contaminantes metálicos en el producto.
- Límite de contaminantes microbiológicos.
- Límite máximo de residuos para otros contaminantes.
- Adjuntar resultados de los análisis realizados de 5 lotes diferentes.
- Breve descripción del proceso tecnológico.
- Tipo de envase y descripción.
- Etiqueta.
- Descifrado de clave utilizada en lote, en los casos que proceda.
- Tiempo de garantía o durabilidad.
- Peso neto y escurrido en el caso que proceda.
- Identificación del embalaje.
- Condiciones de almacenamiento y/o conservación.
- Forma de consumo.
- Grupo poblacional al que va dirigido.

5. Puntos clave y principales cambios tecnológicos y de materias primas utilizadas para obtener estos productos

Alrededor de estos productos o materias primas se han desarrollado numerosos estudios con el fin de crear nuevos productos, que, naturales o no, puedan facilitar la realización de elaboraciones culinarias y así hacer más variada y agradable la dieta de estos colectivos especiales.

La investigación y avances tecnológicos relacionados con la alimentación han provocado la aparición y fabricación de nuevos productos, enfocados a satisfacer nuestras necesidades. Así, podemos encontrar en el mercado productos antes impensables como harinas sin gluten, leches aisladas de sueros, infinidad de aditivos como edulcorantes, saborizantes, etcétera.

Los cambios tecnológicos, ayudados de los productos o materias primas sustitutivos, hacen hoy día casi inapreciable la diferencia entre los productos finales obtenidos.

5.1. Intolerantes a la lactosa

Algunos de los productos que podemos usar como sustitutivo de esta son:

- Bebidas vegetales de avena, soja, arroz, coco, sésamo, horchata, etcétera.
- Postres de soja o de arroz
- Embutidos sin proteína láctea.
- Zumos naturales.
- Sustitutivos de la mantequilla: aceites de oliva, girasol y margarinas vegetales.
- Sustitutivos de la nata o yogur: tofu, queso de soja, nata de soja, yogur de soja, de avena, de arroz, etcétera.

5.2. Intolerantes al huevo

Algunos de los productos que podemos usar como sustitutivo de este son:

- Zumo de naranja para rebozar o empanar.
- Tofu como sustitutivo del huevo cocido.
- Pastas y masas elaboradas exclusivamente con sémola de trigo.
- Harina de maíz o de arroz para natillas y otras elaboraciones ligadas.
- Gelatina para postres cuajados como flan o pudin.
- Para elaborar bizcochos, cada huevo se puede reemplazar por:

  - 1 cucharada de postre de levadura seca + 1 cucharada sopera de vinagre + 1 cucharada sopera de agua.
  - 1 cucharada de levadura disuelta en ¼ de taza de agua templada.
  - 1 ½ cucharadita de agua, 1 ½ cucharadita de aceite, 1 cucharada de levadura en polvo.

Sabía que...

Para la clarificación de los vinos se suelen usar albúminas de sangre, leche o huevo. Por ello, los intolerantes a estas sustancias deben tenerlo en cuenta, pues pueden tener trazas.

5.3. Intolerantes al gluten

Algunos de los productos que podemos usar como sustitutivo de este son:

- Para sustituir la harina y la levadura:

  - Mezclar 75 % de harina de arroz y un 25 % de fécula de maíz.
  - Mezcla de harinas y levaduras sin gluten.

■ Para sustituir la levadura:

▮ 1 cucharada de postre de bicarbonato + zumo de medio limón.

■ Para sustituir el pan rallado para empanar:

▮ Copos de puré de patata.
▮ Sémola de maíz.
▮ Pan rallado sin gluten
▮ Mezcla de semillas de sésamo, amapola, lino, etcétera.

sin gluten

Símbolo de los alimentos sin gluten

■ Para sustituir pastas y fideos:

▮ Pastas de harina de maíz o de arroz.
▮ Fideos de arroz.

6. Principales anomalías, causas y posibles correcciones

A la hora de enfrentarse a una elaboración culinaria destinada a colectivos especiales, se deberán tener en cuenta una serie de premisas para evitar y corregir anomalías y resultados defectivos. No se producen las mismas anomalías o defectos en todos los productos, por lo que diferenciaremos por grupos reseñando las notas características a tener en cuenta.

6.1. En productos destinados a celíacos

Como se ha especificado con anterioridad, este colectivo padece la no asimilación del gluten, por lo que se deberá evitar el contacto con este en todo momento. Para ello procederemos:

■ A la hora de realizar elaboraciones culinarias destinadas a este colectivo, se deberá utilizar un menaje y utensilios destinados únicamente a estas preparaciones.

- No utilizar aceites de fritura usados, donde se han realizado posibles frituras con elementos que posean gluten.
- La limpieza de instrumentos comunes como el horno debe ser exhaustiva.
- Etiquetar, especificar e identificar los productos sin gluten elaborados de forma casera, no mezclando en ningún caso.
- A la hora de conservar los productos, especificar el uso posterior, asegurándose de utilizar recipientes perfectamente limpios.

 Recuerde

Otro aspecto a tener en cuenta son las propiedades de los productos sustitutivos a utilizar. Por ello, se deberán conocer las propiedades de cada uno de ellos y las características que aportan a la elaboración.

6.2. En productos destinados a diabéticos

El aporte calorífico de lípidos, glúcidos, proteínas, etcétera, en estos individuos debe ser controlado de forma exhaustiva. No solo hay que tener en cuenta la ingesta de azúcares, sino también la ingesta de grasas, pues finalmente el organismo las transforma para su consumo en azúcares.

Por otro lado, las recetas que incluyen azúcares deben estar modificadas, debiéndose para ello respetar la tabla de proporciones, pues el dulzor que aportan a las elaboraciones no es el mismo.

AZÚCAR COMÚN	FRUCTOSA	EDULCORANTE EN POLVO	TABLETA DE EDULCORANTE	EDULCORANTE LÍQUIDO
5 g (1 cucharada rasa)	2.5 g (1/2 cucharada rasa)	0.5 g	0.04 g (1 tableta)	0.4 ml

Otra nota a tener en cuenta es la textura que aportan los ingredientes sustitutivos, pues el azúcar cocido en mermeladas, jaleas, compotas, etcétera, aporta espesor y consistencia a la elaboración. Esto implicará la adición de ácidos y pectinas naturales, que aportarán el espesor necesario.

6.3. En productos para otros colectivos (intolerantes a la lactosa, intolerantes al huevo, etcétera)

Los demás colectivos pueden ser tratados como comunes, pues la simple sustitución hará que el producto sea viable para el consumo de estos colectivos.

Recuerde

La sustitución de los productos es posible, pues la variedad que el mercado nos ofrece es muy amplia, buscando en todo momento los productos que más se ajusten y admitan las técnicas culinarias a aplicar.

Un ejemplo de cómo se pueden sustituir los ingredientes tradiciones en los que el gluten era fundamental a la hora del esponjado de la masa, por otros que hoy en día son asimilados por personas celiacas, obteniendo el mismo resultado con ellos.

Nota

Las principales anomalías que se pueden producir en estos productos y sus posibles correcciones son las mismas que en las elaboraciones comunes.

FICHA N.º: *001*

NOMBRE RECETA: *CROISSANT SIN GLUTEN*

CONTIENE O PUEDE CONTENER				
Proteína de leche ☒	Huevo ☒	Pescado ☐	Azúcar ☒	Marisco ☐
Frutas u hortalizas ☐	Legumbres ☐	Frutos secos ☐	Cereales ☒	Gluten ☐

INGREDIENTES:_____Pax					MÉTODO DE ELABORACIÓN
	Cant.	Unid.	Prec Unit. €	Precio total €	Una vez preparado el puesto de trabajo, realizamos a fuego una masa elástica con la fécula de mandioca y la leche. Mezclamos los tres tipos de harina y realizamos un volcán en el que ponemos la mantequilla en pomada, el huevo, el azúcar, la levadura y la masa elástica. Amasamos todo hasta obtener una masa elástica. Dejamos fermentar a 28 ºC y 72 % de humedad. Estiramos la masa y porcionamos en forma triangulada, que procederemos a enrollar para obtener la forma deseada. Pintamos con huevo batido o leche y espolvoreamos con azúcar. Cocemos en horno precalentado a 180 ºC durante el tiempo necesario.
Harina mandioca	150	g			
Harina de arroz	150	g			
Harina maicena	200	g			
Levadura cerveza	25	g			
Leche	25	g			
Esencia azahar	1	g			
Mantequilla	100	g			
Huevo	1	ud.			
Azúcar	75	g			
Leche	75	ml			
Fécual mandioca	5	g			
Coste materia prima para___Pax				_____ €	
Coste materia prima unitario			_____	€	
Duración de la elaboración:					

FICHA N.º: *002*

NOMBRE RECETA: *PAN BLANCO SIN GLUTEN*

CONTIENE O PUEDE CONTENER				
Proteína de leche ☒	Huevo ☒	Pescado ☐	Azúcar ☐	Marisco ☐
Frutas u hortalizas ☐	Legumbres ☐	Frutos secos ☐	Cereales ☒	Gluten ☐

INGREDIENTES:_____Pax					MÉTODO DE ELABORACIÓN
	Cant.	Unid.	Prec Unit. €	Precio total €	*Una vez preparado el puesto de trabajo, mezclamos la harina de mandioca, la maicena, la leche en polvo, la levadura, la goma santana y la sal. Con la mezcla hacemos un volcán.* Ponemos en frío el agua y los 20 g de almidón de mandioca. Llevamos al fuego y cocemos, formando una masa elástica que se despega del cazo. Añadimos al volcán el huevo, el aceite, la sal y finalmente la masa atemperada. Mezclamos hasta obtener una masa elástica. Bolear y dar la forma deseada. Dejar fermentar durante 40 minutos. Pintar con leche. Meter en horno precalentado a 180 ºC durante 30 minutos.
Harina mandioca	*100*	*g*			
Maicena	*100*	*g*			
Leche en polvo	*100*	*g*			
Levadura en polvo	*27,5*	*g*			
Goma santana	*5*	*g*			
Sal	*10*	*g*			
Huevo	*1*	*ud.*			
Aceite de oliva	*10*	*g*			
Agua	*200*	*ml*			
Almidón agrio de mandioca	*20*	*g*			
Coste materia prima para___Pax			_____ €		
Coste materia prima unitario			_____ €		
Duración de la elaboración:					

7. Resumen

En este capítulo, elaboración de pastelería y repostería para colectivos especiales, se muestran y describen las características y propiedades a tener en cuenta para la realización de productos para integrantes de estos grupos, como son diabéticos, celíacos, intolerantes al huevo, a la lactosa, a la fructosa, a los frutos secos, etcétera.

Se describen asimismo las principales alergias e intolerancias, distinguiendo entre ellas: a proteínas de la leche, a pescados, al *anisakis,* a mariscos, a legumbres, a frutas y hortalizas, a cereales, etcétera.

Por otra parte, se muestra un ejemplo de ficha técnica de elaboración y se dan a conocer los datos a tener en cuenta para la adquisición de productos especiales destinados a estos grupos.

Para finalizar, se muestran algunos puntos clave y cambios en los productos a utilizar para realizar estas elaboraciones, adaptando y teniendo en cuenta la aportación de estas.

Ejercicios de repaso y autoevaluación

1. **Las masas y pastas que sustituyen el azúcar por edulcorantes...**

    a. ... deben añadir la cantidad proporcional que corresponda, siendo específica para cada tipo.
    b. ... usan la misma cantidad de este.
    c. ... son indicados para celíacos.
    d. Ninguna opción es correcta.

2. **Defina el concepto de gluten.**

    _____
    _____

3. **Complete las siguientes frases:**

    La diabetes produce la _____ absorción de la glucosa hallada en _____.

    Los intolerantes al huevo cocido pueden sustituirlo por _____.

    El vino puede tener trazas de _____ debido al proceso de clarificación.

4. **Para sustituir en una elaboración culinaria 180 g de azúcar por su equivalente en fructosa, ¿qué cantidad de fructosa tendrá que emplear?**

    _____
    _____

5. **Enumere algunos ingredientes que pueden ser consumidos por intolerantes a la lactosa.**

    _____
    _____
    _____
    _____

Capítulo 5
Aplicación de las técnicas de frío en la elaboración de masas y pastas de pastelería-repostería

Contenido

1. Introducción

Desde tiempos remotos la conservación de alimentos ha sido uno de los objetivos del ser humano; se trataba de guardarlos en épocas de abundancia para las de escasez. Existen referencias del almacenamiento de gramíneas y cereales. Se comprobó que los alimentos almacenados se conservaban mejor protegidos del aire y la luz, razón por la que se guardaban en vasijas o cuencos y se cubrían con aceites, miel, grasas, etcétera. Más tarde aparecieron técnicas como el secado, el salado, el escabechado, el ahumado, el cocido, el congelado o el fermentado, que mejoraron la conservación de los alimentos. Las especias y el azúcar (sobre todo de frutas en la Edad Media) también se usaron como conservantes.

La conservación de alimentos con bases científicas apropiadas comenzó a principios del siglo XIX. Con los descubrimientos del Louis Pasteur se consiguió la conservación por los métodos llamados de pasteurización y esterilización. El descubrimiento de las mezclas refrigerantes permitió el uso del frío en el ámbito industrial y la congelación en el hogar utilizada en la actualidad.

2. Adaptación de las fórmulas y procesos. Congelación - descongelación de productos de pastelería y repostería. Principales anomalías, causas y posibles correcciones

Para entender mejor los procesos de conservación por congelación o los procesos de la descongelación es necesario conocer los conceptos de ambos términos.

Congelación

La congelación de alimentos es una forma de conservación que se basa en la solidificación del agua contenida en estos. Por ello. uno de los factores a tener en cuenta en el proceso de congelación es el contenido de agua del producto. En función de la cantidad de agua, se obtiene el calor latente de congelación, que es la cantidad de calor necesario para transformar 1 kg de líquido en hielo, sin cambio de temperatura. En este caso es de 80 kcal/kg.

Otros factores son la temperatura inicial y final del producto, pues estas son determinantes en la cantidad de calor que se debe extraer del producto.

Importante

En alimentación se define la congelación como la aplicación intensa de frío capaz de detener los procesos bacteriológicos y enzimáticos que alteran los alimentos, preservando la integridad y calidad del alimento. La temperatura de congelación ha de ser de -18 ºC.

Descongelación

La descongelación es el proceso inverso a la congelación, es decir, pasar del estado sólido en el que se encuentra el agua contenida en los alimentos al estado líquido. Normalmente es un proceso más lento que la congelación, puesto que la conductividad térmica de los tejidos congelados es mucho menor que la de los no congelados. Además, la formación de una capa acuosa líquida en la superficie del producto que se está descongelando forma una barrera que mantiene el producto un largo período a 0 ºC, con todos los problemas que ello conlleva: aumento de la concentración, recristalizaciones y aumento de microorganismos.

Para evitar estos problemas en el descongelado, las empresas dedicadas a la fabricación de platos precocinados congelados prefieren los productos de un tamaño tal que permita su cocinado de forma directa, sin necesidad de descongelación previa. Por eso, no todos los alimentos necesitan descongelarse de igual forma; unos lo deben hacer de manera lenta en el interior de una cámara frigorífica y otros no lo necesitan.

Medidas para congelar

- En el caso de realizar la congelación de materias primas, de productos terminados y semielaborados, estos deberán vigilarse para que se realice en condiciones adecuadas de higiene y en aparatos con suficiente capacidad frigorífica (túnel o cámara de congelación de suficiente potencia).

- El proceso de congelación se realizará en el menor tiempo posible.
- Todos los productos y materias primas congelados deberán estar debidamente identificadas en todo momento mediante rótulos, etiquetas o similar que indiquen el producto de que se trata, la fecha de congelación y el lote.
- La temperatura de congelación de referencia será inferior a -18 °C y los alimentos estarán:

  - Perfectamente envasados y etiquetados.
  - Las de la sala de ventas.

Recuerde

Para su congelación, los productos han de estar debidamente protegidos mediante envases o envolturas autorizadas.

La congelación consiste en someter a los géneros, de forma uniforme, a temperaturas de -18 °C. La bajada de temperatura en el alimento debe ser lo más rápida posible.

Las elaboraciones deberán estar protegidas durante su conservación evitando su contaminación y deformación, caracterizándose por su fragilidad.

Nota

Además de las técnicas de frío para la conservación de los productos también se utilizan tratamientos térmicos como la pasteurización, esterilización y uperización, las cuales eliminan o reducen los agentes patógenos que puedan contener.

2.1. Procesos y métodos de congelación

Los tipos de congelación pueden ser:

- **Aire:** una corriente de aire frío extrae el calor del producto hasta que se consigue la temperatura final.
- **Contacto:** una superficie fría en contacto con el producto que extrae el calor.
- **Criogenización:** se utilizan fluidos criogénicos, nitrógeno o dióxido de carbono, que sustituyen al aire frío para conseguir el efecto congelador.
- Por **secado** de alimentos congelados también se puede congelar.

2.2. Procesos y métodos de descongelación

De forma general podemos distinguir tres métodos de descongelación en función de uso al cual esté destinado el producto, debiendo permitir obtener alimentos de buena calidad. En caso contrario, la pérdida de materia (sales minerales, humedad y otros componentes) hace que los productos no logren recuperar las características iniciales o de regeneración. Por supuesto, eso depende de igual manera del método de congelación utilizado previamente (rápida/lenta, adición de sustancias protectoras), lo que determinará el tipo de formación de cristales de hielo y el daño mecánico sobre las estructuras celulares de los alimentos.

Así, se diferencia entre:

- **Descongelación por cocción:** se descongela el producto para consumirlo inmediatamente, como en los domicilios particulares y en los establecimientos de restauración. Se cuece directamente el producto congelado. En este método se unen la rapidez y la seguridad sanitaria.
- **Descongelación parcial:** se fabrican porciones individuales congeladas a partir de productos congelados. En este caso se eleva la temperatura del producto hasta -5 °C, donde el 60 -70 % del agua está todavía en forma de hielo, pero la consistencia del producto permite la manipulación y preparación de las raciones. El producto se recongela a continuación inmediatamente.
- **Descongelación por transformación:** la descongelación completa es necesaria para efectuar sin dificultad operaciones de manipulación previa.

Ejemplo

Para hacer alguna elaboración con planchas de hojaldre congelado es preciso que el producto esté totalmente descongelado.

Una descongelación larga, de varios días, tiene el inconveniente de que hay que disponer de grandes instalaciones y dificulta la programación de la producción en función de las necesidades.

El calor necesario para descongelar el producto puede ser aportado desde la superficie, por procedimientos clásicos o directamente desde el interior mediante microondas.

Nota

Con la descongelación, normalmente no se llega al 100 % de recuperación de las características de un producto.

Ultracongelación

La ultracongelación es la congelación a muy baja temperatura y muy rápida. Se hace a -40 °C, en una corriente de aire, mediante contacto de planchas o por inmersión en líquido congelante para que la congelación sea aún mayor. La congelación de alimentos en general debe ser lo más rápida posible para que el daño en los tejidos sea el mínimo, por eso es más conveniente la ultracongelación.

Es un método muy utilizado cuando se emplean grandes cantidades de alimento. Es muy efectivo. Su gran inconveniente es que se necesita mucha energía para alcanzar la temperatura deseada.

3. Refrigeración de productos de pastelería

Para entender mejor los procesos de conservación por refrigeración es necesario conocer este concepto.

La refrigeración de alimentos consiste en conservarlos a bajas temperaturas, pero no bajando de los 0 °C, ya que entonces entrarían en congelación. La temperatura idónea está entre los 0 °C y los 8 °C, dependiendo de la naturaleza del alimento.

La refrigeración implica transferir la energía del cuerpo que se pretende enfriar a otro. La temperatura es el reflejo de la cantidad de energía que posee el cuerpo, los cuerpos solo tienen más o menos energía térmica. De esta manera, enfriar corresponde a retirar energía (calor) y no debe pensarse en términos de producir frío o agregar frío.

Cuando hablamos de productos de pastelería, normalmente nos referimos a productos ya terminados, que no necesitan de una posterior transformación, sino de una adecuada refrigeración.

Sin embargo, es cierto que con las nuevas técnicas y elaboraciones en la cocina dulce las presentaciones son más sofisticadas, ofreciendo productos a diferentes temperaturas y texturas. Estas elaboraciones tienen en común su refrigeración y posterior regeneración, pero siempre se tendrá en cuenta que se está trabajando con productos terminados.

En el caso de almacenar en la misma cámara varios productos, deberá respetarse la temperatura máxima del más exigente.

Las materias primas como nata, ovoproductos pasteurizados líquidos, así como los pasteles rellenos de nata, cremas, yema, etcétera se deterioran rápidamente si no se mantienen a temperaturas adecuadas y constantes. Algunos gérmenes que pueden causar enfermedades se reproducen rápidamente en estos productos y pueden originar toxinas si las temperaturas de las cámaras no son adecuadas.

Recuerde

Productos terminados con nata, crema, yema, etcétera, deben estar en refrigeración de 0 °C a 8 °C.

4. Equipos específicos: composición y regulación

Un mismo equipo puede ser regulado adaptándose a las características del producto a conservar, teniéndose como principales premisas las siguientes:

- Los productos perecederos, ya sean materias primas, como levaduras u ovoproductos, semielaborados, como cremas o natas, o productos terminados con elevada actividad de agua, como pasteles rellenos o guarnecidos con cremas y/o nata, se conservarán en todo momento a temperaturas de refrigeración adecuadas a su naturaleza (entre 2 °C y 8 °C).
- En el caso de congelados, la temperatura de referencia será inferior a -18 °C y estarán perfectamente envasados y etiquetados.
- Las cámaras frigoríficas de refrigeración deben ser suficientes y con capacidad adecuada al volumen de la mercancía almacenada, permitiendo la separación entre los distintos tipos de productos (especialmente entre materias primas y los productos elaborados y/o semielaborados).
- Todas las cámaras estarán dotadas de termómetros de fácil lectura y se cuidará no sobrepasar la capacidad máxima recomendable.
- Deben establecerse controles periódicos para comprobar si se han producido deterioros en la estructura.

Recuerde

Los productos perecederos son aquellos que por sus especiales características de composición, humedad, etcétera, favorecen el desarrollo microbiano.

Para poder conservar estas elaboraciones como corresponde según la *Guía de buenas prácticas de higiene* y en aplicación del APPCC o de Ayuda para el autocontrol en panaderías y pastelerías artesanales, se van a ver los equipos más representativos o específicos para la conservación de productos de pastelería y repostería.

4.1. Cámaras de refrigeración

Los equipos más representativos, aunque no los únicos, que se pueden utilizar en la conservación de productos de pastelería y repostería son:

- Expositores de venta al público, de tapas transparentes para exposición de productos.
- Cámaras modulares para temperaturas de conservación, adaptables a recintos.
- Armarios de refrigeración conformes a la normativa sanitaria.

 Importante

Con la acción del frío no se destruyen los microorganismos, solamente se ralentiza el crecimiento de estos. Este aletargamiento es inversamente proporcional a la temperatura.

El periodo de conservación de un género refrigerado no debe sobrepasar los 4 días aproximadamente (dependiendo del tipo de producto que se refrigere), manteniendo, durante este tiempo, todas sus propiedades naturales. La temperatura debe oscilar entre 1 ºC y 6 ºC, según la naturaleza del género.

4.2. Cámaras de congelación

Los equipos más representativos, aunque no los únicos, que se pueden utilizar en la conservación de productos de pastelería y repostería son:

- Arcones con tapa de cristal diseñado para visualizar el género expuesto.
- Arcones congeladores con tapas ciegas para la conservación de todo tipo de producto congelado.
- Armario especial de helados con temperatura de mantenimiento entre -18 y -25 ºC.
- Cámaras modulares para temperaturas de congelación adaptable a recintos.

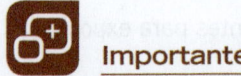

Importante

Un género que ha sido descongelado no debe volver a congelarse, principalmente porque durante la congelación se producen roturas en su estructura, permitiendo que el producto sea más vulnerable al ataque de microorganismos. Por otra parte, la textura del producto pierde calidad al romperse la estructura de sus células.

Aplicación práctica

Suponga que le contratan para diseñar las cámaras de congelación y refrigeración de un obrador de pastelería, ¿qué tipo de observaciones va a recoger en el proyecto que ha de entregar a la empresa?

SOLUCIÓN

Observaciones a tener en cuenta en las cámaras de refrigeración:

- Los grupos que generan calor, deben tener una buena refrigeración aire-agua y estar situados en zonas abiertas.
- Proyectar el piso de cámara al nivel del resto de espacios del obrador con miras a pasar bien los carros.
- Prever desagües.
- El termómetro digital ha de estar junto a la puerta de entrada y visible.

Observaciones a tener en cuenta en la cámara de congelación:

- Las puertas no deben tener acceso directo al ambiente normal.
- Los desagües de condensación deben estar provistos de resistencias eléctricas para evitar la congelación de los mismos.
- El interior de la cámara debe estar provisto de herramientas (hachas) para evitar accidentes en caso de avería de la puerta una vez dentro de ella.
- Las mismas observaciones que para la cámara de refrigeración.

5. Resumen

La conservación de los alimentos ha sido uno de los objetivos del ser humano; se trataba de guardar los alimentos en épocas abundantes para aquellas otras en las que no había tantos recursos.

El descubrimiento de las mezclas refrigerantes permitió el uso del frío en el ámbito industrial e incluso la congelación de alimentos en el hogar.

Se han visto la definición, los procesos y los métodos de la congelación (aire, contacto, criogenización), haciendo especial hincapié en las reglas para una correcta congelación de los alimentos.

Asimismo, se ha visto la definición, los procesos y los métodos de la descongelación (descongelación cocción, descongelación parcial, descongelación transformación y descongelación industrial).

Por último se han estudiado los diferentes tipos de refrigeración de productos de panadería-pastelería y los equipos específicos de refrigeración y congelación de los mismos.

Ejercicios de repaso y autoevaluación

1. ¿Quién fue el descubridor de la conservación de los alimentos por calor?

    a. Brillat Savarin.
    b. Paul Bocuse.
    c. Louis Pasteur.
    d. Juan Mari Arzak.

2. La congelación es un método de conservación de los alimentos que consiste en...

    a. ... no es un método de conservación.
    b. ... solidificar el agua que contienen estos.
    c. ... enfriar mucho el alimento.
    d. ... enfriar el alimento a 0 °C.

3. La refrigeración, ¿es un método de conservación?, ¿en qué consiste?

    a. Sí, en bajar la temperatura de los alimentos a 0 °C aprox.
    b. Sí, en cocer los alimentos a 65 °C.
    c. No, no es un método de conservación.
    d. No, es un método de cocción a baja temperatura.

4. La temperatura de congelación y la de ultracongelación son de...

    a. ... -18 °C y -40 °C, respectivamente.
    b. ... -10 °C y 20 °C, respectivamente.
    c. ... 0 °C y 25 °C, respectivamente.
    d. ... 0 °C en ambos casos.

5. La temperatura de refrigeración es de...

    a. ... 15 °C.
    b. ... -15 °C.
    c. ... 5 °C.
    d. ... 65 °C.

6. **Es una condición indispensable antes de la congelación que los alimentos estén perfectamente...**

    a. ... cocinados al vapor.
    b. ... lavados y remojados.
    c. ... envasados al vacío.
    d. ... envasados y etiquetados.

7. **La técnica que utiliza el nitrógeno líquido, ¿es un método de conservación?, ¿cuál de ellos?**

    a. Sí, el método de congelación.
    b. No, no se utiliza el nitrógeno en la conservación de alimentos.
    c. Sí, en la refrigeración.
    d. Sí, en la ultracongelación.

8. **¿Qué son los APPCC?**

    a. Procesos preventivos para garantizar la seguridad alimenticia.
    b. Es un método de conservación con helio.
    c. Es un método de conservación por congelación y vacío de forma conjunta.
    d. No tiene nada que ver con el tema que se estudia.

9. **¿El frío destruye las bacterias?**

    a. No, solamente las adormece deteniendo su ciclo biológico.
    b. Sí, cuando se congelan los alimentos.
    c. Sí, siempre que la temperatura llegue a 0 ºC.
    d. No, el frío las favorece.

10. **¿Cuál es la consecuencia de una congelación convencional?**

    a. Que se quema el producto por estar mucho tiempo expuesto al frío.
    b. Que se destruyen fibras y afecta a la textura del producto.
    c. Que es la mejor forma de aplicar el método de congelación.
    d. No tiene ningún tipo de consecuencia.

Bibliografía

Monografía

▌ABELAIRA Sarmiento, G.: *Gestión de la cadena logística y aprovisionamiento*. Antequera: IC Editorial, 2023.

▌CARO Sánchez-Lafuente, A.: *Pastelería. INAF020PO*. Antequera: IC Editorial, 2023.

▌CARO Sánchez-Lafuente, A.: *Sistema APPCC y prácticas correctas de higiene*. Antequera: IC Editorial, 2019.

▌JIMÉNEZ Padilla, B.: *Seguridad e higiene en un obrador de panadería y bollería*. Antequera: IC Editorial, 2023.

▌REY Acosta, L.: *Preelaboración de productos básicos de pastelería*. Antequera: IC Editorial, 2022.

▌VV. AA.: *Comisión del Codex Alimentarius: Principios Generales de Higiene de los alimentos. Anexo sobre el sistema APPCC y directrices para su aplicación*. Revisión de 2022.

▌VV. AA.: *Larousse gastronomique*. Madrid: Larousse, 2019.

Textos electrónicos, bases de datos y programas informáticos

▌TEJERO F.: Asesoría Técnica en Panificación, de: <http://www.franciscotejero.com/>.